AF603293

DU COMMERCE DES PEUPLES NEUTRES EN TEMS DE GUERRE.

Traité de M. Lampredi, Profeſſeur de droit public en l'univerſité de Piſe.

Traduit par M. de Serionne, de l'Académie Royale de Florence & cenſeur-royal.

SECONDE PARTIE.

LA HAYE.

Et ſe trouve à Bruxelles, chez De la Haye & Compagnie, près la rue Rollebeek.

1793.

DU COMMERCE DES PEUPLES NEUTRES EN TEMS DE GUERRE.

N°. I.

Variations du droit conventionnel des nations sur la navigation & le commerce des peuples neutres en tems de guerre.

Le pavillon ami préserve les biens de l'ennemi.

ARTICLE 12 du traité d'amitié & de commerce conclu en 1604, entre Henri IV, Roi de France, & Achmet Empereur des Turcs.

„ Voulons & commandons que les marchan-
„ dises qui seront chargés à Nollis sur vaif-
„ seaux français, appartenants aux ennemis
„ de notre porte, ne puissent être prises sous
„ couleur qu'elles sont de nosdits ennemis,
„ puisqu'ainsi est notre vouloir."

Conventions passées entre le Sultan Achmet, Empereur des Turcs & les Seigneurs Etats des Provinces-Unies, au mois de Juillet 1612, art. 25.

„ Si quelques marchands ou chrétiens qui ne
„ sont point en paix avec nous, chargent quel-
„ ques marchandises sur les vaisseaux des sujets
„ des Pays-Bas, on ne les pourra confisquer, sous
„ prétexte qu'elles appartiennent à d'autres
„ personnes, n'étant pas en paix avec nous.

Traité de commerce entre Louis XIV & les Provinces-Unies, du 18 Avril 1646.

Ce traité déroge formellement à l'ordonnance de marine faite par Henri III, en 1538, suivant cette ordonnance, toutes les marchandises appartenantes aux ennemis trouvées à bord des bâtimens amis, étoient de bonne prise. Par ce traité, au contraire, il a été stipulé que les vaisseaux hollandais seroient libres ainsi que leur cargaison. „ Bien qu'il y
„ eût dedans de la marchandise, même des
„ grains & légumes appartenans aux ennemis.

Traité de marine entre Philippe IV, Roi d'Espagne & les Provinces-Unies, en date du 17 Décembre 1650, art. 14.

„ Mais d'ailleurs aussi sera libre & affranchi
„ tout ce qui sera dans les navires appartenans

„ aux ſujets deſdits ſeigneurs états, encore
„ que la charge ou partie d'icelle fut aux en-
„ nemis dudit ſeigneur Roi, excepté les mar-
„ chandiſes de contrebande.

Traité de commerce entre Olivier Cromwel & le Roi de Portugal, en date du 10 Juillet 1654, art. 23.

Omnia autem hoſtium alterutrius bona mercesve in naves partis alterutrius eorumve populi aut ſubditorum impoſita intactæ ſint.

Traité entre Louis XIV, Roi de France & les villes Anſéatiques, ſigné à Paris, le 10 Mai 1655, art. 3.

„ Les biens de l'ennemi ne confiſquent
„ point les biens de l'ami, & les navires des
„ amis ſeront libres, bien qu'il y ait de la
„ marchandiſe appartenante aux ennemies, ſi
„ ce n'eſt qu'il s'y en trouvât de contre-
„ bande.

Traité de commerce entre la France & l'Angleterre, ſigné à Weſtmunſter, le 3 Novembre 1655, art. 15.

Convenit ut omnes naves ad ſubditos & populares alterutrius que pertinentes & in mari negociantes liberæ ſint atque etiam onus ſuum liberum reddant, licet in eis inveniantur mercimonia, immo grana leguminave, quæ alterutrius hoſtium ſint, exceptis nihilominus mercimoniis vetitis, & contrabandis.

Traité de Weſtphalie, du 17 Septembre 1659, art. 19.

„ Il a été en outre accordé & convenu, „ que tout ce qui se trouvera chargé par les „ sujets de S. M. très-chrétienne en un navire des ennemis..... sera confisqué : mais „ d'ailleurs aussi sera libre & affranchi tout aux „ sujets du Roi très-chrétien, encore que la „ charge ou partie d'icelle fut aux ennemis „ dudit seigneur Roi, sauf les marchandises „ de contrebande.

Traité de paix & d'alliance entre Alphonse Roi de Portugal, & les Provinces-Unies, le 6 Août 1661, art. 24.

Merces vero ac res quæcunque ad partis utrius libet hostem pertinentes, regis ordinumque jam dictorum aut utrius que populi navibus impositæ in eas fisco nil juris esto, adeoque nec detineantur, nec possessoribus intervertantur.

Traité entre Charles II, Roi d'Angleterre, & les Provinces-Unies, en date du 17 Février 1668, art. 10.

Ceterum immune atque liberum erit quidquid deprehenditur in navibus subditorum regis magnæ Britanniæ, quantum vis onus aut pars ejus pertineat ad hostes ordinum federatorum, exceptis mercibus prohibitis.

On trouve cette maxime également consacrée dans le traité de Copenhague, du 11 Juillet 1670, art. 7. -- Dans le traité de Stockolm, du 29 Septembre 1675, art. 7. -- Dans celui de Londres passé entre l'Angleterre & les Provinces-Unies, en 1674, art. 7. -- Dans le traité de commerce entre le France & l'Angleterre, en date du 24 Février 1677, art. 6. -- Dans celui de Nimegue, du 24 Septembre 1678, entre la France & les Provinces-Unies, art. 22. -- Dans le traité de navigation & de commerce entre Louis XIV, Roi de France, & la Reine Anne d'Angleterre, signé à Utrecht, le 31 Mars 1713, art. 17. -- Dans le traité de navigation & de commerce entre Philippe V, Roi d'Espagne, & l'Empereur Charles VI, signé à Vienne, le 1er. Mai 1725, art. 6. -- Et enfin dans le traité de commerce entre la France & l'Espagne, en 1742, art. 18. Dont la disposition fût rappellée formellement dans l'art. 16, du traité perpétuel de commerce & de navigation passé, en 1745, avec le Roi des Deux-Siciles.

Le pavillon ami ne préserve pas les biens de l'ennemi.

TRAITÉ de commerce entre Henri IV, Roi d'Angleterre, & *Jean-Sans-Peur*, duc de Bourgogne & comte de Flandre, passé à Westmunster, le 10 Mars 1406. -- Lettres patentes desdits jour & an.

„ Les marchands ou maistres de niefs, &
„ mariniers desdits pays de Flandre, ou de-
„ meurans en Flandre, n'ameneront pour
„ fraude ni couleur quelconque, aucuns biens
„ ou marchandises des ennemis des Englais par

„ mer, & en cas qu'ils en ſoient demandés „ par aucuns eſcumeurs, ou autres gens de la „ partie d'Engleterre, eux en feront pleine „ & juſte confeſſion. "

La même choſe fût préciſément convenue quarante ans après dans le traité de commerce entre Iſabelle, ducheſſe de Bourgogne & du Brabant d'une part, & l'Angleterre d'autre part, en date du 4 Août 1446.

„ Item que ledit terme durant, les marchands „ maiſters de niefs, & mariniers deſdits pays „ de Brabant, Flandres, & de Malines, n'a- „ mèneront par fraude, ni couleur quelcon- „ que, aucuns biens ou marchandiſes des en- „ nemis des Anglais par mer, & en cas qu'ils „ en feront demandés par aucuns eſcumeurs, „ ou autres gens de la partie d'Engleterre, ils „ en feront juſte & pleine confeſſion. "

Traité de commerce, ſigné à Weſtmunſter, le 13 Février 1460, entre Henri VI, Roi d'Angleterre & la république de Gènes. Il faut obſerver qu'à cette époque les Anglais étoient en guerre avec les Français, les Gênois, & avec Ferdinand, Roi d'Arragon & de Sicile.

Nec caricabunt, nec portabunt in Navigiis eorum ſupradictis bona, aut Mercimonia alicujus inimici noſtri, aut inimicorum noſtrorum, & caſu quo fuerint petiti & interrogati per noſtros, dicti Januenſes debent immediate & ſine dilatione (mediante Juramento ſuo, cui noſtri Subditi fidem dabunt) veritatem dicere, & fateri quæ & qualia bona inimicorum noſtrorum, vel ini-

mici, ducunt in Navibus ſuis, & illa ſine difficultate tradere, & deliberare capitaneis vel ducentibus Navigia noſtra pro cuſtodia maris, vel aliis Subditis noſtris, quos obviare contingeret Navibus dictorum Januenſium ubicumque ſuper mare, recipiendo pro rata Nauti, ſive affrectamenti hujuſmodi mercium inimicorum &c.

Traité de commerce paſſé, à Weſtmunſter, le 2 Juillet 1468, entre Edouard IV, Roi d'Angleterre, & le duc François de Bretagne. C'eſt preſque mot pour mot la copie de l'article ci-deſſus rapporté du traité, du 4 Août 1446.

Traité de Londres, du 22 Juillet 1486, entre Henri VIII, Roi d'Angleterre, & le duc François de Bretagne. C'eſt encore la répétition du même article, & l'on y conſacre la même propoſition que le pavillon ami ne préſerve pas les biens appartenans aux ennemis.

Art. 23, du traité de commerce conclu à Londre, le 24 Février 1495, entre Henri VIII, Roi d'Angleterre, & Philippe archiduc d'Autriche, duc de Bourgogne & de Brabant.

Item conventum eſt, ut ſuper, quod ſubditi unius Principum prædictorum, ſive Mercatores fuerint, ſive Nautæ, Magiſtri Navium, aut Marinarii, non adducent, ſeu adduci facient per mare fraudoloſe, vel quorumcumque colore, aliqua bona, ſeu mercandiſas inimicorum alterius eorumdem Principum, & ſi ſecus egerint, & per ſubditos alterius principis, guerræ licite operam dantes, ſuper hoc interrogati fuerint, tenebuntur facere veram, plenam, & justam confessionem, & declarationem, cui in ea parte pro tunc ſtabitur, iidemque interrogantes ulterius ſcrutamen in ea parte non facient. Sed ſi poſtea eumdem interrogatum falſo reſpondiſſe conſtiterit, tunc idem interrogatus interroganti, quem per falſam reſponſionem defraudavit, tantum de ſuo erogare tenebitur, quantum merces inimicorum per eum vectas, & ut præmittitur cælatas, valuiſſe conſtabit.

Traité de commerce, du 28 Septembre 1776, entre la France & les villes anſéatiques de Luberque, Brême, & Ambourg, art. 13.

„ S'il ſurvenoit une guerre entre le Roi de „ France, & quelques puiſſances, autres que „ l'Empereur & l'Empire, les vaiſſeaux de Sa „ Majeſté & ceux de ſes ſujets armés en guerre „ ou autrement, ne pourront empêcher, ar- „ mer, ni retenir les navires deſdites villes an- „ ſéatiques. . . -- Si ce n'eſt qu'ils fuſſent „ chargés de marchandiſes de contrebande pour „ les porter aux pays & places des ennemis de „ la couronne, ou de marchandiſes apparte- „ nantes auxdits ennemis. " art. 12.

„ Les vaiſſeaux deſdites villes anſéatiques „ ſur leſquels il ſe trouvera des marchandiſes „ appartenantes aux ennemis de Sa Majeſté ne „ pourront être retenus, amenés, ni confiſ- „ qués, non plus que le reſte de la cargaiſon. „ Mais ſeulement leſdites marchandiſes appar- „ tenantes aux ennemis de Sa Majeſté ſeront „ confiſquées de même que celles qui ſeront „ de contrebande &c.

Les effets des amis trouvés à bord d'un bâtiment ennemis ſont de bonne priſe.

TRAITÉ de commerce paſſé à Weſtmunſter, le 2 Juillet 1468, entre Edouard IV, Roi d'Angleterre, & le duc François de Bretagne.

„ Et par ce qui dit eſt par ce préſent traité „ n'eſt pas entendu que ſi les gens du pays de „ Bretagne, mettoient leurs perſonnes biens, „ ou marchandiſes en navires de parties d'en- „ nemis de nous, & de nous pays & royaume „ d'Angleterre, non ayant ſaufconduit de nous, „ ne eſtans intrues ou abſtinans de guerre avec „ nous, que les gens dudit parti d'Angleterre „ puiſſent prendre & acquirer à eux les per- „ ſonnes & biens qu'ils prendront dedans les „ navires ennemis de partie de nous, & de notre „ dit pays & royaume d'Angleterre, & ainſi „ pourront &c.

Traité de Trève paſſé à Londre, le 22 Juillet 1486, entre Henri VIII, Roi d'Angleterre, & le même François duc de Bretagne. C'eſt la répétition de l'article relatif aux effets des ennemis trouvés à bord d'un bâtiment ami; & l'on ſtipule que dans ce cas les effets ſeront de bonne priſe pour chacune des parties reſpectivement.

Traité de marine du 17 Décembre 1650, entre Philippe IV Roi d'Eſpagne & les Provinces-Unies. L'art. 13 porte que les effets appartenans aux Hollandais trouvés à bord des vaiſſeaux ennemis du Roi, ſeront ſoumis à la ſaiſie ſans aucune exception ni réſerve.

Traité de commerce entre Olivier Cromwel & le Roi de Portugal, ſigné à Weſtmunſter le 10 Juillet 1654 art. 23.

Ut omnia bona mercesve dictæ reipublicæ, aut Regis, eorumque, utrimque, populorum, aut ſubditorum in alterutrius hoſtium navibus impoſitæ, ibique repertæ, cum ipſis navibus prædæ ſint, atque in publicum additæ.

Quelques années après, la même regle fut établie par le traité de Weſtphalie du 17 Septembre 1659 art. 19.

„ Il a été en outre accordé, & convenu, „ que tout ce qui ſe trouvera chargé par les „ ſujets de Sa Majeſté très-chrétienne en un „ navire des ennemis dudit Seigneur Roi catholique, bien que ce ne fut marchandiſe de „ contrebande, ſera confiſqué avec tout ce qui „ ſe trouvera audit navire ſans exception ni „ réſerve. „

Traité du 6 Août 1661 entre Alphonſe Roi de Portugal & les Provinces-Unies art 24.

Bona quælibet, ac merces, ſive ad dictos regem ordineſque ſpectabunt, ſive ad utrumvis populum, ſi navibus alterutri parti inimicis, hoſtibuſque creditæ, ac in iis deprehenſæ fueriut, non minus quam naves ipſæ in prædam cedant, ac fiſco occupantium addicantur.

On a ſtipulé la même choſe dans l'art. 10 du traité de commerce entre l'Angleterre & les Provinces-Unies en date du 17 Février 1668 & dans celui de Londres entre ces deux nations en date du 1er. Décembre 1674 art. 7. On y a introduit, comme je l'ai fait remarquer dans une note ſur le texte, une excellente précaution, & une diſtinction très-juſte ſur le droit de la ſaiſie, en y inſérant que les marchandiſes des parties contractantes, trouvées à bord des bâtimens ennemis, ne feroient ſujettes à la ſaiſie que dans le cas où elles auroient été chargées après la nouvelle de la rupture : & pour éviter les conteſtations le même traité, fixe le délai préſumé néceſſaire pour que les chargeurs ſoient informés de la nouvelle ſuivant la diſtance des lieux.

Le même principe eſt conſacré dans le traité d'alliance & de commerce entre Louis XIV Roi de France, & la Reine Anne d'Angleterre art. 27 & dans celui d'Utrecht du 31 Mai 1713, qui peu de tems après fut confirmé dans le traité de commerce du 28 Septembre 1716 art. 24 entre la France & les villes anſéatique de Lubec, Brême & Hambourg.

Enfin on retrouve la même diſpoſition dans dans les deux traités de commerce entre la France & l'Eſpagne de l'année 1742 art. 18.

Les effets des amis trouvés à bord des bâtimens ennemis, ne ſont pas de bonne priſe.

TRAITÉ de commerce entre Edouard III. Roi d'Angleterre & les députés des villes maritimes du royaume de Portugal, ſigné à Londres, le 20 Octobre 1353.

„ Et ainſi ſi les gens dudit Roi d'Angleterre „ & de France, prennent en la mer ou en „ port, nulles niefs de ſes adverſaires, ou „ ennemis, & en leſdites niefs ſoient trouvées „ marchandiſes ou autres biens de la marine, „ & cités avant dites, ſoient leſdits biens & „ marchandiſes amenés en Angleterre, & ſauvement gardés tant que les marchands de „ queux même les biens, & marchandiſes seront, aient prouvé qu'ils ſont leurs.

Traité d'amitié & de commerce entre Henri IV, Roi de France & la Porte Ottomane, en 1604, art. 9.

„ Et parce qu'aucuns ſujets de la France „ naviguent ſur vaiſſeaux appartenans à nos „ ennemis, & y chargent de leurs marchandiſes, & étant rencontrés, ils ſont faits le plus „ ſouvent eſclaves, & leurs marchandiſes priſes; pour cette cauſe nous commandons & „ voulons que d'ici en avant, ils ne puiſſent „ être pris ſur ſe prétexte, ni leurs facultés

„ confiſquées, s'ils ne ſont trouvés ſur vaiſ-
„ ſeaux de courſe.

Priviléges accordés par le Sultan Achmet, Empereur des Turcs aux ſeigneurs les états des Provinces-Unies, en Juillet 1612, art. 8.

„ Et encore que quelques ſujets deſdits
„ Pays - Bas allant en marchandiſes fuſſent
„ trouvés dans quelques vaiſſeaux allant en
„ courſe, pourvu qu'ils ne ſoient aſſociés des
„ Pirates, mais ſeulement qu'ils s'y trouvent
„ comme négocians ou paſſagers, leurs mar-
„ chandiſes ne ſeront pas confiſquées, ni leurs
„ perſonnes faites eſclaves, parce qu'ils ſe ſe-
„ roient trouvés ſur un vaiſſeau de Pirate. „

Il eſt permis aux peuples neutres de porter aux nations en guerre, des marchandiſes qui ne ſont pas de contrebande.

C'EST le tranſport des marchandiſes de contrebande qui eſt interdit aux neutres, & non pas la vente impartiale de ces marchandiſes ſur le territoire reſpectif.

Lettres patentes d'Henri IV Roi d'Angleterre, en conſéquence du traité de commerce entre lui, & Jean Sans Peur Duc de Bourgogne, comte de Flandre, ſigné à Weſtmunſter le 10 Mars 1406.

„ Item, que les vitailles, marchandiſes &
„ autres biens venant des parties de l'Oueſt

„ vers le royaume d'Angleterre où à Calais, „ ou de vers Flandres, par quelconques per- „ ſonnes non ennemis à l'une partie, ou à l'au- „ tre, & en quelconques vaiſſeaux ils ſoient „ menés ne ſera par ceux de l'une partie, ni „ de l'autre mis empêchement, ne deſtourbier „ en manière quelconque.

On excepte pourtant le tranſport des marchandiſes de contrebande, „ excepté armes, „ artilleries, canons & autres choſes ſembla- „ bles & ſuſceptibles d'invaſion. „

Traité d'alliance, de commerce & d'amitié entre Adolphe Roi de Suède, & les Provinces-Unies du 5 Avril 1614.

On convient au commencement qu'une partie contractante ne pourra ſécourir les ennemis de l'autre avec des marchandiſes de contrebande, & immédiatement après on exprime à l'art. 6 la condition ſuivante.

„ Bien entendu toutes fois, que parlà, ne „ ſera point défendu le trafic & commerce li- „ bres hors diſdites Provinces-Unies, ſoit pour „ la ville de Riga comme pour quelqu'autre „ ville, pays & havre, ſitués ſur la mer du „ Nord, ou de l'Eſt, qui ſont ſous l'obéiſ- „ ſance des ennemis préſens ou futurs de Sa „ Majeſté, ou de la couronne de Suede.

Traité entre Charles Ier. Roi d'Angleterre & les Provinces-Unies, du 17 Septembre 1625, art. 20.

„ Toutes marchandiſes de contrebande de „ quelque part qu'on les voudra porter en Eſ- „ pagne...

„ pagne. . . Seront de bonne priſe avec les „ navires & hommes qu'ils porteront.

Traité de paix & d'amitié, entre Philippe IV, Roi d'Eſpagne, & Charles Ier. Roi d'Angleterre, du 15 Novembre 1630.

Hoc ſemper cauto ne ſub colore & Prætextu commercii auxilia aliqua, ſive commeatus, ſive armorum, ſive inſtrumentorum bellicornm . . . deferatur; *ſed quicumque hæc tentaverint acerrimis pænis puniantur.*

Le mois précédent, on avoit ſtipulé la même choſe dans le traité, du 13 Octobre 1630, entre Louis XII, Roi de France, & l'Empereur Ferdinand II.

La même liberté de commerce avec les ennemis des deux parties, excepté le ſimple tranſport des marchandiſes de contrebande, avoit été ſtipulée, entre Jacques Ier. Roi d'Angleterre, & Philippe III, Roi d'Eſpagne, dans le traité, du 19 Août 1604.

Traité entre Olivier Cromwel, & Chriſtine Reine de Suède, à Upſal, le 11 Avril 1654, art. 11.

Le commerce libre eſt accordé aux contractans même avec les ennemis de l'une & de l'autre partie; & le ſimple tranſport de marchandiſes de contrebande eſt défendu.

Cautum tantummodo ſit interim nullas merces contrebandæ vocatas ad hoſtes alterius devehendas eſſe ſine periculo, ſi ab altero foederatorum deprehendantur, quod prædæ cedant abſque ſpe reſtitutionis.

Traité de commerce, entre la France & l'Angleterre, à Westmunster, le 3 Novembre 1655, art. 22.

On y accorde comme dans le précédent, la liberté du commerce, on y excepte simplement *le transport* des marchandises de contrebande.

Neve populus aut subditi alterutrius bona vetita & prohibita in ea regna & dominia vel territoria importent, *quæ inimicitias vel hostilitates cum alterutra exercent.*

La même chose est expressément stipulée dans l'art. 11, du traité des Pyrenées, du 17 Novembre 1659, au mot *le transport.*

Mais on alla encore plus loin deux ans après, car dans un traité de paix & d'alliance, entre le Portugal & les Provinces-Unies, signé à la Haye, le 6 Août 1661, on convint que les parties pourroient transporter aux ennemis des marchandises de tout genre, sans en exclure les marchandises de contrebande.

Art. 13. *Liberum præterea belgarum foederatorum populo ac permissum sit præter merces omnigenas, arma etiam, res bellicas & annonam tam ex foederatorum belgii provinciarum, quam ex aliis quibuscumque portubus ac terris in quascumque Orbis regiones, & ad quascumque gentes transferre, tam* inimicas *regi regnoque lusitaniæ, quam amicas & foederatas.*

Au reste cette permission est unique, & particulière, car dans la même année, ainsi que l'année suivante, les autres nations convinrent respectivement d'une liberté de commerce indéfinie avec les ennemis, mais toujours en exceptant *le transport* des marchandises de contrebande : & sans jamais interdire la vente impartiale de ces articles dans les ports respectifs des parties contractantes.

Ainsi dans le traité d'alliance & d'amitié, entre Charles II, Roi d'Angleterre, & Charles XI, Roi de Suède, du 21 Octobre 1661, art. 11, on defend les marchandises de contrebande : *quæ suppeditandæ* devehantur *ad ælterius hostem.*

Dans le traité de confédération & de commerce, entre Louis XIV, Roi de France, & les Provinces - Unies, signé à Paris, le 27 Avril 1662, art. 27, on parla du transport, & non de la vente. „ Ce transport & ce trafic s'é-„ tendra à toutes sortes de marchandises à l'ex-„ ception de celles de contrebande. " On voit précisément la même disposition dans le traité de la même année, entre Louis XIV, & Frédéric III, Roi de Danremarck : & dans celui de Stockholm, du 16 Fév. 1666, art. 2, entre Charles II, Roi d'Angleterre, & Charles XI, Roi de Suède.

Enfin cette vérité est confirmée par ces différens traités, par ceux qui ont été faits postérieurement jusqu'à nos jours. Nous les avons relatés dans une longue note sur le texte, & nous y renvoyons nos lecteurs.

N°. I I.

Articles de quelques-uns des traités les plus modernes, concernant la même matière.

Traité d'amitié & de commerce conclu entre Sa Majesté très-chrétienne & les Treize-Etats-Unis de l'Amérique Septentrionale, le 6 Février 1778.

ART. 23. Il sera permis à tous & un chacun des sujets du Roi très-chrétien, & aux citoyens, peuples, & habitans des susdits Etats-Unis, de naviguer avec leurs bâtimens avec toute liberté & sûreté sans qu'il puisse être fait d'exception à cet égard, à raison des propriétaires des marchandises chargées sur lesdits bâtimens, venant de quelque port que ce soit, & destinés pour quelque place d'une puissance actuellement ennemie, ou qui pourra l'être dans la suite, de Sa Majesté très-chrétienne, ou des Etats-Unis. Il sera permis également aux sujets, & habitans susmentionnés, de naviguer avec leurs vaisseaux, & marchandises, & de fréquenter avec la même liberté & sureté les places, ports, & havres des puiſſances ennemies des deux parties contractantes, ou d'une d'entre elles, ſans oppoſition ni trouble, & de faire le commerce non-ſeulement directement des ports de l'ennemi ſuſdit à un port neutre, mais auſſi d'un port ennemi à un autre port ennemi, ſoit qu'il ſe trouve ſous ſa juriſdiction, ou ſous celle de pluſieurs, & il eſt ſtipulé par le préſent traité que les bâtimens libres aſſureront également la liberté des marchandiſes, & qu'on jugera libres toutes les choſes, qui ſe trouveront à bord des navires appartenans aux ſujets d'une des parties contractantes, quand même le chargement, ou partie d'icelui appartiendroit aux ennemis de l'une des deux, bien entendu néanmoins que la contrebande ſera toujours exceptée. Il eſt également convenu, que cette même liberté s'étendroit aux perſonnes, qui pourroient ſe trouver à bord des bâtimens libres, quand même elles ſeroient ennemies de l'une des deux parties contractantes, & elles ne pourroient être enlevées deſdits navires à moins qu'elles ne ſoient militaires, & actuellement au ſervice de l'ennemi.

Dans l'art. 24. Du même traité, ou fait l'énumération des marchandiſes de contrebande, & on ſpécifié celles qui n'en ſont pas ainſi qu'il ſuit :

Armes, canons, bombes avec leurs fuſées, & autres choſes y relatives, boulets, poudre à tirer, mêches, piques, épées, lances, dards, hallebardes, mortiers, pétards, grenades, salpetres, fusils, balles, boucliers, casques, cuirasses côtes-de-maille, & autres armes de cette espèce propres à armer le soldats, porte-mousquets, baudriers, chevaux avec leurs équipages, & tous autres instrumens de guerre quelconques.

Marchandises qui ne sont pas de contrebande.

Toutes sortes de draps, & toutes autres étoffes de laine, lin, soie, coton, ou d'autres manières quelconques: toutes sortes de vêtemens avec les étoffes, dont on a coutume de les faire, l'or & l'argent, monnoyé, ou non, l'étain, le fer, laiton, cuivre, airain, charbon, de même que le froment, & l'orge & toutes sortes de bleds & legumes; le tabac toutes les sortes d'épiceries; la viande salée & fumée, poisson salé, fromage & beure, biere, huiles, vins, sucres, & toute espèce de sel, & en général toutes provisions servant pour la nourriture des hommes, & pour le soutien de la vie : de plus toutes sortes de coton, de chanvre, lin, goudron, poix, cordes, cables, voiles, toiles à voiles, ancres, parties d'ancres, mâts, planches, madriers & bois de toute espèce, & toute autre chose propre à la construction & réparation des vaisseaux, & autres matières quelconques, qui n'ont pas la forme d'un instrument préparé pour la guerre, par terre, comme par mer ne seront pas réputées contrebande.

„ Dans le traité d'amitié & de commerce

„ entre les mêmes Etat-Unis d'Amérique, & „ les Etats-Généraux des Pays-Bas, arrêté le „ 8 Octobre 1782. Il est établi que le pavillon „ libre & neutre doit préserver les effets de l'en- „ nemi; voici les termes de l'art. 11 déclarant „ très-expressément qu'un vaisseau libre assu- „ rera la liberté des effets, dont il sera char- „ gé, & que cette liberté s'étendra pareille- „ ment sur les personnes, qui se trouveront „ dans ce vaisseau libre avec l'exception ordi- „ naire des militaires actuellement au service de „ l'ennemi. On va plus loin, & après avoir spé- „ cifié les articles de contrebande, les contrac- „ tans conviennent art. 23 que les marchandi- „ ses qui ne seront pas désignées expressément, „ ne seront jamais réputées marchandises de „ contrebande, ni par similitude ni par inter- „ prétation quelconque ni à la lettre, ni selon „ quelque interprétation prétendue d'icelle „ quelconque. „

„ La même chose est convenue dans le trai- „ té d'amitié & de commerce entre lesdits „ Etats-Unis d'Amérique, & S. M. le Roi de „ Suede le 3 Avril 1783, article 6; voici les „ termes. Et comme il est reçu par le présent „ traité par rapport aux navires, & aux mar- „ chandises, que les vaisseaux libres rendront „ les marchandises libres, & que l'on regar- „ dera comme libre tout ce qui sera à bord „ des navires appartenants aux sujets d'une ou „ de l'autre des parties contractantes, quand „ même le chargement, ou partie d'icelui ap- „ partenoit aux ennemis, &c.

„ Traité entre la Porte & la Russie de l'an-
„ née 1784 après la conquête de la Crimée,
„ du Cuban, &c.

Art. XL. Lorsqu'une des parties contractantes se trouveroit en guerre avec une puissance étrangère quelconque, il n'est pas défendu aux sujets de l'autre partie contractante de faire leur commerce avec celle-ci, & de fréquenter ses états pourvu qu'ils n'importent pas chez l'ennemi des munitions, ou provisions de guerre. On comprendra sous la dénomination de munitions de guerre les choses suivantes, savoir: canons, mortiers, armes à feu, pistolets, bombes, grenades, boulets, balles, fusils, pierres-à-feu, mêches, poudre, salpêtre, souffre, cuirasses, piques, épées, ceinturons, poches à cartouche, selles, & brides, en exceptant toutefois la quantité nécessaire pour la défense du vaisseau, & de son équipage. Au reste les effets, qui ne se trouvent point spécifiés ici, ne seront pas réputés munitions de guerre, ou navales.

Art. 39 du même traité.

Lorsqu'un sujet Russe chargera dans un pays ennemi son propre vaisseau des provisions, ou d'autres marchandises pour les transporter également dans un pays ennemi, & qu'il rencontrera des vaisseaux de la Porte Ottomane, on ne doit pas lui prendre son vaisseaux, ou les marchandises sous prétexte qu'il porte les provisions, ou les marchandises chez l'ennemi.

N°. III.

REGLEMENT

DE S. M. LE ROI DE FRANCE,

Concernant la navigation des bâtimens neutres en tems de guerre.

Du 26 Juillet 1778.

Le Roi s'étant fait repréſenter les anciens réglemens concernant la navigation des vaiſſeaux neutres, pendant la guerre, S. M. a jugé à propos d'en renouveller les diſpoſitions, & d'y ajouter celles qui lui ont paru les plus capables de conſerver les droits des puiſſances neutres, & les intérets de leurs ſujets, ſans néanmoins autoriſer l'abus que l'on pourroit faire de leur pavillon; &, en conſéquence. S. M. a ordonné & ordonne ce qui ſuit:

ARTICLE I.

Fait défenſe S. M. à tous armateurs, d'arrêter & de conduire dans les ports du royaume les navires des puiſſances neutres, quand même ils ſortiroient des ports ennemis, ou qu'ils y ſeroient deſtinés; à l'exception toutefois de ceux qui porteroient des ſecours à des places bloquées, inveſties ou aſſiégées. A l'égard des navires des états neutres, qui ſeroient chargés de marchandiſes de contrebande deſtinées à l'ennemi, ils pourront être arrêtés, & leſdites marchandiſes ſeront ſaiſies & confiſquées; mais les bâtimens & le ſurplus de leur cargaiſon ſeront relâchés, à moins que leſdites marchandiſes de contrebande ne compoſent les trois quarts de la valeur du chargement; auquel cas, les navires & la cargaiſon ſeront confiſquées en entier. Se réſervant au ſurplus, S. M. de révoquer la liberté portée au préſent article, ſi les puiſſances ennemies n'accordent pas le réciproque dans le delai de ſix mois, à compter du jour de la publication du préſent réglement.

ARTICLE II.

Les maîtres des bâtimens neutres, ſeront tenus de juſtifier ſur mer de leur propriété neutre, pat les paſſeports, connoiſſemens, factures & autres pièces de bord; l'une deſquelles au moins conſtatera la propriété neutre, ou en contiendra une énonciation préciſe: & quant aux chartes-parties & autres pièces qui ne ſeroient pas ſignées, veut S. M. qu'elles ſoient regardées comme nulles & de nul effet.

ARTICLE III

Tous vaiſſeaux pris, de quelque nation qu'lis ſoient, neutres ou alliés, deſquels il ſera conſtaté qu'il y a eu des papiers jetés à la mer, ou autrement ſupprimés ou diſtraits, ſeront déclarés de bonne priſe avec leurs cargaiſons, ſur la ſeule preuve des papiers jetés à la mer, & ſans qu'il ſoit beſoin d'examiner quels étoient ces papiers, par qui ils ont été jetés, & s'il en eſt reſté ſuffiſamment à bord pour juſtifier que le navire & ſon chargement appartient à des amis ou alliés.

ARTICLE IV.

Un paſſeport ou congé ne pourra ſervir que pour un ſeul voyage, & ſera réputé nul s'il eſt prouvé que le bâtiment pour lequel il auroit été expédié, n'étoit, au moment de l'expédition, dans aucun des ports du prince qui l'a accordé.

ARTICLE V.

On n'aura aucun égard aux paſſeports des puiſſances neutres, lorſque ceux qui les auront obtenus ſe trouveront y avoir contrevenu, ou lorſque les paſſeports exprimeront un nom de bâtiment différent de l'énonciation, qui en ſera faite dans les autres pièces de bord, à moins que les preuves du changement de nom, avec l'identité du bâtiment, ne faſſent partie de ces mêmes pièces, & qu'elles aient été reçues par des officiers publics du lieu du départ, & enrégistrées par-devant le principal officier public du lieu.

Article VI.

On n'aura pareillement égard aux passeports accordés par les puissances neutres ou alliées, tant au propriétaires qu'aux maîtres des bâtimens, sujets des états ennemis de S. M., s'ils n'ont été naturalisés, ou s'ils n'ont transféré leur domicile dans les états desdites puissances, trois mois avant le premier Septembre de la présente année ; & ne pourront lesdits propriétaires & maîtres de bâtimens, sujets des ètats ennemis, qui auront obtenu lesdites lettres de naturalité, jouir de leur effet, si depuis qu'elles ont été obtenues, ils sont retournés dans les états ennemis de S. M., pour y continuer leur commerce.

Article VII.

Les bâtimens de fabrique ennemie, ou qui auront eu un propriétaire ennemi, ne pourront être réputés neutres ou alliés, s'il n'est trouvé à bord quelques pièces authentiques passées devant des officiers publics, qui puissent en assurer la date, & qui justifient que la vente ou cession en a été faite à quelqu'un des sujets des puissances alliées ou neutres, avant le commencement des hostillités, & si ledit acte tranſlatif de propriété de l'ennemi au ſujet neutre ou allié, n'a été dûement enrégiſtré pardevant le principal officier du lieu du départ, & ſigné du propriétaire ou du porteur ce ſes pouvoirs.

Article VIII.

A l'égard des bâtimens de fabrique ennemie, qui auront été pris par les vaiſſeaux de S. M. ceux de ſes alliés ou de ſes ſujets, pendant la guerre, & qui auront enſuite été vendus aux ſujets des états alliés ou neutres, ils ne pourront être réputés de bonne priſe s'ils ſe trouve à bord des actes en bonne forme, paſſés pardevant les officiers publics à ce prépoſés, juſtificatifs, tant de la priſe que de la vente ou adjudication qui en auroit été faite enſuite aux ſujets deſdits états aliés ou neutres, ſoit en France, ſoit dans les ports des états aliés; faute deſquelles pièces juſtificatives, tant de la priſe que de la vente, leſdites bâtimens ſeront de bonne priſe.

Articee IX.

Seront de bonne priſe tous bâtimens étrangers ſur leſquels il y aura un Subrecargue marchand, commis ou officier major d'un pays ennemi de S. M., où dont l'équipage ſera compoſé au-delà du tiers de matelots, ſujets des états ennemis de S. M., ou qui n'auront pas à bord le rôle d'équipage arrêté par les officiers publics des lieux neutres, d'où les bâtimens seront partis.

Article X.

N'entend S. M. comprendre dans les dispositions du précédent article, les navires dont les capitaines ou les maîtres justifieront par actes trouvés à bord, qu'ils ont été obligés de prendre les officiers majors ou matelots dans les ports où ils auront relâché, pour remplacer ceux du pays neutre qui seront morts dans le cours du voyage.

Article XI.

Veut S. M. que dans aucun cas, les pièces qui pourroient être rapportées après la prise des bâtimens, ne puissent faire aucune foi; ni être d'aucune utilité, tant aux propriétaires desdits bâtimens qu'à ceux des marchandises qui pourroient y avoir été chargées : voulant S. M. qu'en toutes occasions l'on n'ait égard qu'aux seules pièces trouvées à bord.

Article XII.

Tous navires des puissances neutres, sortis des ports du royaume, qui n'auront à bord d'autres denrées & marchandises, que celles qui y auront été chargées, & qui se trouveront munis de congés de l'amiral de France, ne pourront être arrêtés par les armateurs français, ni ramenés par eux dans les ports du royaume, ſous quelques prétexte que ce puiſſe être.

ARTICLE XIII.

En cas de contrevention de la part des armateurs français, aux diſpoſitions du préſent réglement, il ſera fait main levée des bâtimens & des marchandiſes qui compoſent leur chargement, autres toutefois que celles ſujettes à confiſcation, & leſdites armateurs feront condamnés en tels dommages & intérêts qu'il appartiendra.

ARTICLE XIV.

Ordonne S. M. que les diſpoſitions du préſent réglement, auront lieu pour les navires qui auroient échoué ſur les côtes dépendantes de ſes poſſeſſions.

ARTICLE XV.

Veut au ſurplus S. M. que les diſpoſitions du titre des priſes de l'ordonnance de la marine, du mois d'Août 1681, ſoient exécutées ſelon leur forme & teneur, en tout ce à quoi il n'aura pas été dérogé par le préſent réglement; lequel ſera lû, publié & enrégiſtré dans tous les ſiéges des amirautés : mande & ordonne S. M. à M. le duc de Penthiévre, amiral de France, de tenir la main à ſon entière obſervation.

Fait à Verſailles, le vingt-ſix Juillet mil ſept cênt ſoixante dix-huit,

Signé LOUIS, *& plus bas.*

DE SARTINE.

✠✠✠✠✠✠✠✠✠✠✠✠✠✠✠✠✠✠✠✠✠✠✠✠✠

LE DUC DE PENTHIEVE,

Amiral de France, gouverneur & lieutenant-général pour le Roi, en ſa province de Bretagne.

VU le réglement du Roi, ci-deſſus & des autres parts, à nous adreſſé : mandons à tous ceux ſur qui notre pouvoir s'étend, de l'exécuter & faire exécuter, chacun en droit ſoi, ſelon ſa forme & teneur. Ordonnons aux officiers des amirautés, de s'y conformer en ce qui les concerne, & de le faire enrégiſtrer aux greffes de leurs ſièges. Fait à Paris, le trois Août mil ſept cent ſoixante-dix-huit.

Signé L. J. M. DE BOURBON.

Et plus bas, par ſon alteſſe ſéréniſſime,

Signé DE GRANDEBOURG,

N°. IV.

N°. IV.

RÉGLEMENT

DE S. M. I., AUTOCRATRICE

DE

TOUTES LES RUSSIES, &c. &c. &c.

Sur la navigation & le commerce &c.

La guerre maritime, qui s'eſt élévée entre la Grande-Bretagne d'une part, & la France & l'Eſpagne de l'autre, ayant commencé à porter atteinte à la navigation & au commerce de nos fidèles ſujets, nous n'avons point manqué, de les protéger & de pourvoir à l'indemnité de toutes pertes à eux cauſées juſqu'ici, d'employer-là, où beſoin en a été, notre puiſſante entremiſe, qui à déja procuré d'amples réparations à pluſieurs commerçans. Et quoique nous ne doutons point, qu'il ne ſoit également pourvû par les puiſſances belligérantes à la ſatisfaction de ceux d'entr'eux qui s'en trouvent privés juſqu'ici, des compenſations arbitraires faites à des particuliers, ne pouvant toutefois être réconnues par nous, comme un gage suffisant de cette sûreté absolue, par lequel l'intérêt des nations neutres doit être garanti pour l'avenir : nous avons résolu, de prendre les mesures les plus propres au maintien de l'incolumité du commerce maritime de nos sujets, & d'en faire effectivement usage en cas de besoin. Elles ont été déja manifestées à toute l'Europe par une déclaration uniforme faite aux trois puissances belligérantes. Nous y avons nommément & proprement désigné l'étendue des droits, & des avantages du pavillon marchand neutre : les uns & les autres dérivant & du sens littéral de notre traité de commerce avec la couronne de la Grande-bretagne, & des principes clairs & incontestables du droit naturel & de celui de gens. Mais en exigeant, que d'autres remplissent pleinement & sans restriction leurs devoirs en notre faveur, nous pensons de notre côté observer invariablement à leur égard toutes les obligations de la plus stricte neutralité. Delà résulte la nécessité pour tous nos sujets, de se conformer entièrement dans leur commerce & entreprise maritimes à cette notre intention, faute de quoi ils se priveront eux-mêmes de notre assistance & protection. Mais afin que personne n'y contrevienne par ignorance, nous enjoignons à notre college de commerce, de déclarer à tous les corps marchands Russes trafiquans dans nos ports, qu'avec la plus parfaite liberté de naviguer & d'exercer leur commerce dans toutes les parties de l'Europe, en conformité de nos traités avec différentes puisſances, & de réglemens locaux de chaque pays, ils ayent à obſerver ce qui ſuit.

Article I.

De ne prendre aucune part, ni médiatement, ni immédiatement à la guerre ſous tel prétexte que ce puiſſe être, pas même en tranſportant ſous pavillon Ruſſe à aucune des puiſſances belligérantes des marchandiſes prohibées, ſavoir : des canons, mortiers, armes à feu, piſtolets, bombes, grenades, boulets, balles, fuſils, pierres-à-feu, mêches, poudre, ſalpêtre, ſouffre, cuiraſſes, piques, épées, ceinturons, poches-à-cartouches, ſelles & brides, & par conſéquent, de prendre bien garde, que des ſuſdites proviſions de guerre, il n'y en ait ſur chaque vaiſſeau au delà de la quantité, qui peut être néceſſaire pour ſon uſage, ni au delà de celle que doit avoir chaque homme ſervant ſur le vaiſſeau, ou chaque paſſager.

Article II.

Toutes autres marchandiſes appartenantes à qui que ce ſoit, même aux ſujets d'une des puiſſance en guerre peuvent être librement chargées ſur des vaiſſeaux Ruſſes, où elles jouiront de la protection du pavillon Ruſſe de la même manière que les effets de nos ſujets, excepté celles, qui dans le I art. ont été qualifiées de contrebande, comme elles ſont effectivement déclarées pour telles, dans l'XIe. art. de notre traité de commerce avec la Grande-Brétagne. Mais malgré cette fûreté des marchandifes non prohibées fur un bâtiment neutre, on devra éviter de charger fes propriétés fur des vaiffeaux appartenans à une des nations en guere, afin de prévenir par-là toute difcuffion & défagrément quelconque.

Article III.

Tout bâtiment Ruffe partant d'ici ou de tel autre de nos ports pout l'étranger, doit être mun. de témoignages fuffifans, qui conftatent la propriété Ruffe; c'eft-à-dire, d'un pafféport ordinaire de mer & d'un certificat de douane, dans lequel doivent être nommément fpécifiés; *A*. la qualité & la quantité de la cargaifon, *B*. pour le compte de qui elle a été achetée, & à qui elle eft adreffée, *C*. pour où, & à qui le vaiffeau & fa cargaifon font deftinés. Pour plus de fûreté les certificats de douane doivent être homologués par l'amirauté, ou par les régences des endroits où il n'y en a point.

Article IV.

De ce privilège jouiront, comme nos fujets nés, les étrangers, qui en ont acquis les droits chez nous, & qui par conféquent portent comme eux les charges publiques. Mais le terme de cette jouiffance ne s'étend point au delà de leur féjour dans notre empire, l'ufage du pavillon marchand Ruſſe ne pouvant leur compéter ſous aucune autre condition.

ARTICLE V.

Tout bâtiment Ruſſe, lors même qu'un ſeul propriétaire en feroit partir à la fois & pour le même endroit, deux ou trois, doit avoir ſéparément les certificats, déſignés dans le troiſieme article ci-deſſus, afin qu'il puiſſe ſe légitimer en cas de diſperſion ou de déroute involontaire.

ARTICLE VI.

Tout bâtiment Ruſſe doit abſolument éviter d'être muni de connoiſſement, charte-parties ou autres papiers doubles ou équivoques, & encore moins de faux témoignages, parce qu'ils expoſent toujours à des dangers inévitables. Par cette raiſon il faut prendre ſoin à tems que les certificats ſoient évidents, deſignant clairement, comme il eſt dit plus haut, la qualité de la cargaiſon, & l'endroit de la deſtination du vaiſſeau. Il faut auſſi que le contract & toutes les ſtipulations entre le propriétaire des marchandiſes, & le capitaine du vaiſſeau, compris ſous le nom de charte-partie, ſe trouvent à bord en tout tems. Il arrive ſouvent, que par ſpéculation mercantile, les propriétaires des marchandiſes, les expédient ſoit ſur ſon bâtiment propre, ſoit ſur un vaiſſeau freté d'une nation neutre, à deux différens ports successivement, pour qu'elles puissent passer de l'un à l'autre, suivant sa convenance déterminée par la différence des prix; dans un tel cas il sera indispensablement tenu, de désigner les deux ports l'un après l'autre, suivant leur position, & de les nommer dans un seul & même connoissement, & non dans deux, en prenant cette même précaution à l'égard des charteparties, afin que la teneur de celle-ci soit tout-à-fait conforme à celui-là. Si par contre tel de nos sujets s'avisoit d'user de duplicité ou de supercherie, il ne pourra s'attendre à notre protection; elle ne sera accordée qu'à un commerce honnête & légitime, & nullement à des opérations illicites & frauduleuses.

ARTICLE VII.

Tout vaisseau Russe après avoir déchargé dans un port étranger, & voulant s'en retourner, ou s'en aller plus loin dans un endroit tiers, doit y prendre aussi bien que dans tous les autres ports où il aura commerce, les documens nécessaires & usités dans le pays, afin qu'on puisse toujours voir de quelle nation il est, d'où il vient, où il va, & quelle est sa cargaison.

ARTICLE VIII.

Comme les documens susmentionnés sont de toute nécessité pour constater à bord du vaisseau la propriété neutre il faut scrupuleusement éviter qu'en aucune occurrence, ni ces documens ni d'autres papiers ou écrits quelconques ne ſoient jettés dans la mer. Il importe particuliérement de s'y conformer à la rencontre avec d'autres vaiſſeaux, afin de ne point s'expoſer à des juſtes ſoupçons & à de fâcheuſes ſuites.

ARTICLE IX.

Il faut éviter encore que ſur aucun des bâtimens Ruſſes, il ne ſe trouve point de marchand, commis, & officier, ni même plus d'un tiers de matelots ſujets d'une des puiſſances belligérantes, puiſque dans le cas contraire un tel vaiſſeau s'attireroit beaucoup de déſagrémens. Les bâtimens achetés des ſujets des puiſſances belligérantes pendant la guerre, ſont expoſés aux mêmes inconvéniens, c'eſt pourquoi il ne faut en faire acquiſition que pour naviguer dans la Baltique, où dans la mer noire, tant que la guerre maritime actuelle ſera continuée.

ARTICLE X.

L'entrée de marchandiſes quelconques dans telle place bloquée ou aſſiégée par mer ou par terre que ce ſoit, eſt généralement défendue, donc celui de nos négocians, qui par avidité du gain fera ce commerce prohibé, n'aura plus malgré toutes ſes pertes le moindre droit à réclamer notre protection.

ARTICLE XI.

Tous nos ſujets, qui pour le commerce ſe trouvent chez l'étranger, auront à ſe conformer ſoigneuſement aux réglemens & ordonnances locales, & de commerce de chaque pays, où ils feront leur ſéjour & pour leſquels ils avoient leurs propres vaiſſeaux. Pour leur procurer autant que poſſible la connoiſſance de ces réglemens, notre collège de commerce doit recevoir du collège des affaires étrangères, les papiers qui lui parviendront, relatifs à ce ſujet, & par leur publication dans les gazettes, mettre tous les commerçans à portée de les connoître.

ARTICLE XII.

Notre intention de défendre & de protéger de la manière la plus parfaite le commerce, & la navigation de nos fidèles ſujets, eſt au reſte fort éloignée de tout deſſein portant préjudice à l'une ou à l'autre des puiſſances belligérantes, ou pouvant donner occaſion à l'avidité d'aucuu négociant, de faire un gain illicite, c'eſt pourquoi nous défendons expreſſement à tous les négocians d'ici, de permettre aux étrangers, d'envoyer des vaiſſeaux & de faire le commerce ſous leur nom. Si quelqu'un contrevient à notre volonté, & eſt convaincu du fait, un tel contrevenant ſoit privé pour toujours du droit d'expédier ſes vaiſſeaux, & de ſe prévaloir pour eux de notre protection impériale.

Nos ſujets trafiquant & faiſant leur commerce ſur mer, en ſe conformant exactement à toutes les preſcriptions contenues dans cette ordonnance, pourront être entièrement aſſurés d'une pleine & parfaite protection de notre part, pour leurs affaires dans l'étranger, ainſi que de l'appui efficace & des bons offices zélés de nos miniſtres, agens & conſuls, qui pour cet effet ſeront proviſionnellement munis à tems d'inſtructions de la part du college des affaires étrangères. Par contre ceux qui contreviendront à cette preſcription, ne pourront s'attendre à aucun ſecours dans les malheurs & les pertes qui pourroient réſulter pour eux de leur négligence volontaire, à ne pas uſer des précautions néceſſaires & ſuffiſamment conuues. Le college de commerce en faiſant connoître la préſente notre ordonnance à tout marchand ruſſe commerçant dans nos ports, ne manquera pas en même-tems de munir la douane des preſcriptions néceſſaires y analogues, & de les faire parvenir en conformité de notre volonté à tous les gouvernemens où il y a rades, & ports de mer, & à leurs gouverneurs pour qu'en même-tems il ſoit procédé à ſon exécution exacte dans tontes les cours & juriſdictions, autant que cela pourra les concerner.

L'original a été ſigné de la propre main de S. M. I.

CATHERINE.

Donné à Czarskoe Selo, ce 8 *du mois de Mai* 1780.

N°. V.

REPONSE

Sur la cour de Londres à la déclaration de Sa Majeſté Impériale Autocratrice de toutes les Ruſſies ſur la navigation & le commerce des ſujets &c.

PENDANT tout le cours de la guerre, dans laquelle le Roi de la Grande-Bretagne ſe trouve engagé par l'aggreſſion de la France & de l'Eſpagne, il à manifeſté les ſentimens de juſtice, d'équité, & de modération, qui gouvernent toutes ſes démarches. Sa Majeſté à reglé ſa conduite envers les puiſſances amies, & neutres d'après la leur à ſon égard; la conformant aux principes les plus clairs, & les plus généralement reconnus du droit des gens, qui eſt la ſeule loi entre les nations qui n'ont point de traité, & à la teneur de ſes différens engagemens avec d'autres puiſſances, leſquels engagemens ont varié cette loi primitive par des ſtipulations mutuelles, & l'ont varié de beaucoup de manières différentes, ſelon la volonté, & la convenance des parties contractantes.

Fortement attaché à Sa Majeſté l'Impératrice de toutes les Ruſſies par les liens d'une amitié réciproque, & d'un intérêt commun, le Roi, dès le commencement de ces troubles, donna les ordres les plus précis, de reſpecter le pavillon de Sa Majeſté Impériale, & le commerce de ſes ſujets, ſelon le droit de gens, & la teneur des engagemens, qu'il a contractés dans ſon traité de commerce avec elle, & qu'il remplira avec l'exactitude la plus ſcrupuleuſe. Les ordres à ce ſujet ont été renouvellér, & on veillera ſtrictement à l'exécution. Il eſt a préſumer qu'ils empêchèrent toute irrégularité ; mais s'il arrivoit, qu'il y eut la moindre violation de ces ordres réitérés, les tribunaux d'amirauté, qui dans ce pays-ci, comme dans tous les les autres, ſont établis pour connoître de pareilles matières, & qui, dans tous les cas, jugent uniquement par le droit général des nations, & par les ſtipulations particulières des différens traités, redreſſeroient ces torts d'une manière ſi équitable, que Sa Majeſté Impériale ſeroit entièrement ſatisfaite de leurs déciſions, & y reconnoîtroit cet eſprit de juſtice, qui l'anime elle même.

N°. VI.

REPONSE

De la coar de France à la même Déclaration.

LA gueare dans laquelle le Roi se trouve engagé, n'ayant d'autre objet, que l'attachement de S. M. au principe de la liberté des mers, elle n'a pu voir qu'avec une vraie satisfaction l'Impèratrice des Russies adopter ce même principe & se montrer résolue à le soutenir. Ce que S. M. Imp. réclame de la part des puissances belligérantes, n'est autre chose, que les regles prescrites à la marine Française & dont l'exécution est maiutenue avec une exactitude connue & applaudie de toute l'Europe.

La liberté des bâtimens neutres restreinte dans un petit nombre de cas seulement, est une conséquence directe du droit naturel, la sauve-garde des nations, le soulagement même de celles que le fléau de la guerre afflige. Aussi le Roi a-t-il désiré de procurer, non-seulement aux sujets de l'Impératrice de Russie, mais à tous les états, qui ont embrassé la neutralité, la liberté de naviguer aux mêmes conditions qui sont énoncées dans la déclaration à laquelle S. M. répond aujourd'hui. Elle croyoit avoir fait nn grand pas vers le bien général, & avoir préparé une époque glorieuse pour son regne, en fixant, par son exemple, les droits que toute puissance belligérante peut & doit reconnoître être acquis aux navires neutres. Son espérance n'a pas été déçue, puisque l'Impérstrice, en se vouant à la neutralité la plus exacte, se déclare pour le systême que le Roi soutient, au prix du sang de ses peuples, & qu'elle réclame les mêmes loix dont S. M· voudroit faire la base du code maritime universel.

S'il étoit besoin de nouveaux ordres pour que les vaisseaux appartenans aux sujets de S. M. Imp., n'eussent aucun lieu de craindre d'être inquiétés dans leur navigation, par les sujets du Roi; S, M. s'empresseroit à les donner; mais l'Impératrice s'en reposera sans doute sur les dispositions de S. M. consignées dans les réglemens qu'elle a publiés; elles ne tiennent point aux circonstances, elles sont fondées sur le droit des gens; elles conviennent à un Prince assez heureux pour trouver toujours dans la prospérité générale la mesure de celle de son royaume.

Le Roi souhaite que S. M. Imp. ajoute aux moyens, qu'elle prend pour fixer la nature des marchandises, dont le commerce est reputé de contrebande en tems de guerre, des regles précises sur la forme des papiers de mer dont les vaisseaux Russes seront munis. Avec cette précaution, S. M. est assurée qu'il ne naîtra aucun incident, qui puisse lui faire regretter d'avoir rendu pour ce qui le concerne, la condition des navigateurs Russes aussi avantageuse qu'il possible en tems de guerre.

D'heureuses circonstances ont déja mis plus d'une fois les deux cours à portée d'éprouver combien il importoit qu'elles s'expliquassent avec franchise sur leurs intérêts respectifs. S. M. se félicite d'avoir à exprimer à S. M. Imp. sa façon de penser sur un point intéressant pour la Russie, & pour les puissances commerçantes de l'Europe. Elle applaudit d'autant plus sincerement aux principes & aux vues, qui dirigent l'Impératrice, que S. M. partage le sentiment, qui a porté cette Princesse à des mesures, d'où doivent résulter également l'avantage de ses sujets, & celui de toutes les nations.

N°. VII.

REPONSE

De la cour d'Espagne à la déclaration de Sa Majesté Impériale de toutes les Russies, présentée le 15 Avril 1780.

LE Roi catholique a été informé de la manière de penser de l'Impératrice de toutes les Russies à l'égard des puissances belligérantes & neurres, que lui a exposée M. de Zinowiesz, ministre de cette souveraine, dans un mémoire qu'il a remis le 15 de ce mois au comte de Florida-Blanca, son premier secrétaire d'état. Le Roi regarde cette démarche de l'Impératrice, comme un effet de la juste confiance qu'elle a dans S. M., & la juge d'autant plus convenable, que les principes adoptés par cette souveraine, sont les mêmes qui ont toujours guidé le Roi, & que S. M. a taché de faire observer à l'Angleterre par tous les moyens possibles (quoique sans effet) dans le tems que l'Espagne se maintenoit dans la neutralité. Ces principes furent ceux de la justice, de l'équité & de la modération; les mêmes, que la

Ruſſie & toutes les puiſſances ont approuvés dans les réſolutions de S. M., & ſeulement la conduite obſervée par la marine Anglaiſe, tant dans la guerre précédente que dans celle-ci, renverſant les regles conſtamment ſuivies à l'égard des puiſſances neutres, a mis S. M. dans la néceſſité de l'imiter; en effet, les Anglois, ne reſpectant pas le pavillon des bâtimens neutres, ayant à leurs bords des marchandiſes appartenantes aux ennemis, lors même qu'elles ne ſont pas de contrebande, & que ce pavillon les défend, on ne pouvoit avec juſtice empêcher, que l'Eſpagne n'uſât des mêmes repréſailles, pour ſe garantir des dommages, auxquels elle ſe ſeroit expoſée, en n'y conformant pas ſa conduite. Les puiſſances neutres de leur côté ont auſſi donné lieu aux inconvéniens, dont elles ont ſouffert, leurs bâtimens s'étant ſervis de documens doubles, & d'autres artifices afin que leurs vaiſſeaux ne fuſſent pas pris. Cette conduite a occaſionné des priſes & quantité de détentions, & les conſéquences qui en ont réſulté. Quoiqu'à la vérité celles-ci n'ayent pas cauſé autant de dommage qu'on le prétend, puiſque au contraire il eſt notoire, que quelques-unes ayent tourné au bénéfice des propriétaires, la cargaiſon ayant été vendue dans les ports, où on a jugé les vaiſſeaux, à un prix plus haut que ne l'étoit celui qui exiſtoit dans le même tems à l'endroit vers lequel ſes vaiſſeaux ſe dirigeoient. Le Roi cependant, non content de ces preuves de ſon équité, connues de toute l'Europe, l'Europe, veut encore avoir la gloire d'être le premier à donner l'exemple de refpecter le pavillon neutre de toutes les cours, qui ont déterminé ou détermineront de fe défendre, jufqu'à ce qu'il voye le parti que prendra la marine Anglaife, & qu'il éprouve, fi elle fe contiendra & faura contenir fes corfaires. Pour témoigner à toutes les puiffances, combien l'Efpagne eft difpofée à obferver en foutenant la guerre, les mêmes regles, qu'elle defiroit, qu'on fuivit, lorfqu'elle étoit encore neutre. S. M. fe conforme aux autres articles, que contient la déclaration de Ruffie, dans la fuppofition, que, quant à ce qui regarde la place bloquée de Gibraltar, le danger d'y entrer défigné par l'art. 4 de cette même déclaration exifte réellement, au moyen de la quantité confidérable de vaiffeaux arrêtés, qui forment le blocus. Les bâtimens neutres pourront éviter ce danger en fe conformant aux regles de précaution prefcrites dans la déclaration de S. M., du 13 Mars paffé, qu'on a communiquée à la cour de St. Pétersbourg, par fon miniftre Aranjuez, ce 18 Avril 1780.

(*Signé*) Le comte de Florida-Blanca.

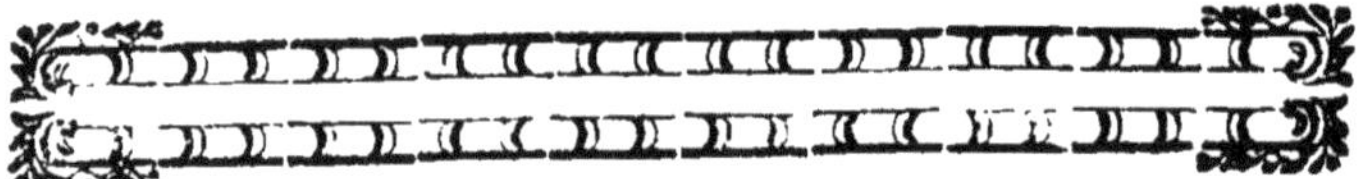

N°. VIII.

Traité concernant la navigation & le commerce des peuples neutres, ſuivant les principes propoſés par S M. l'Impératrice de toutes les Ruſſies, pour la neutralité armée.

CONVENTION MARITIME

Pour le maintien de la liberté de la navigation marchande neutre, conclue entre S. M. Imp. & S. M. le Roi de Dannemarck & de Norvege, à Copenhague, ce 28 Juin & 9 Juillet 1780.

LA préſente guerre maritime, allumée entre la Grande-Bretagne, d'un côté, & la France, & l'Eſpagne de l'autre, ayant porté un préjudice notable au commerce & à la navigation des nations neutres ; S. M. le Roi de Dannemarck & de Norvege, toujours attentives à concilier leur dignité & leurs ſoins pour la ſûreté & le bonheur de leurs ſujets, avec les égards qu'elles ont ſi ſouvent manifeſtés pour les droits des peuples en général, ont reconnu la néceſſité où elles ſe trouvent de régler, dans les circonſtances préſentes, leur conduite d'après ces ſentimens.

SA Majeſté Impériale de toutes les Ruſſies a avouée à la face de l'Europe, au moyen de ſa déclaration en date du 28 Février 1780, remiſe aux puiſſances actuellement en guerre, les principes puiſés dans le droit primitif des nations, qu'elle réclame & qu'elle a adopté pour régle de ſa conduite pendant la guerre actuelle. Cette attention de l'Impératrice à veiller au maintien des droits communs des peuples, ayant été applaudie par toutes les nations neutres, les a réunies dans une cauſe qui regarde la défenſe de leurs intérets les plus chers, & les a porté à s'occuper ſérieuſement d'un objet précieux pour les tems préſens & à venir, en tant qu'il importe de former & de réunir en un corps de ſiſtême permanent, & immuable, les droits, prérogatives, bornes & obligations de la neutralité. Sa M. le Roi de Dannemarck, & de Norvege, pénétré de ces mêmes principes, les a également établis, & réclamés dans la déclaration, qu'il a fait remettre le 8 Juillet 1780, aux trois puiſſances belligérantes, en conformité de celle de la Ruſſie, & pour le ſoutien deſquels S. M. Danoiſe a même fait armer une partie conſidérable de ſa flotte. De-là eſt réſulté l'accord & l'unanimité avec leſquels S.

M. l'Imp. de toutes les Russies, & S. M. le Roi de Dannemarck & de Norvege en conséquence de leur amitié & de leur confiance réciproque, ainsi que de la conformité des intérêts de leurs sujets, ont jugé à propos de donner au moyen d'une convention formelle, une sanction solemnelle aux engagemens mutuels à prendre.

ARTICLE I.

Leursdites Majestés, étant sincérement resolues d'entretenir constamment l'amitié, & l'harmonie la plus parfaite avec les puissances actuellement en guerre, & de continuer à observer la neutralité la plus stricte, & la plus exacte, déclarent vouloir tenir la main à la plus rigoureuse exécution des défenses portées contre le commerce de contrebande de leurs sujets avec qui que ce soit des puissances déja en guerre, ou qui pourroient y entrer dans la suite.

ARTICLE II.

Pour éviter toute équivoque, & tout malentendu sur ce qui doit être qualifié de contrebande, S. M. Impériale de toutes les Russies, & S. M. le Roi de Dannemarck & de Norvege déclarent, qu'elles ne reconnoissent pour telles, que les marchandises comprises sous cette dénomination dans les traités qui subsistent entre leursdites Majestés & l'une ou l'autre des puissances belligérantes. S. M. Impériale de toutes les Russies, se référant, nommément à cet égard aux art. 10 & 11 de son traité de commerce avec la Grande-Brétagne, elle en étend les obligations entiérement fondées dans le droit naturel, aux couronnes de France, & d'Efpagne, qui n'ont point été liées jufqu'ici avec fon Empire par aucun engagement formel, purement relatif au commerce. S. M. le Roi de Dannemarck & de Norvege de fon côté fe rapporte auffi nommément à l'article 3 de fon traité de commerce avec la Grande-Brétagne, & aux articles 26 & 27 de fon traité de commerce avec la France, & étend les obligations de celui-ci à l'Efpagne, n'ayant point avec cette couronne des engagemens, qui décident à cet égard.

ARTICLE III.

La contrebande, déterminée, & exclue du commerce des nations neutres, en conformité des traités & ftipulations expreffes, fubfiftantes entre les hautes parties contractantes, & les puiffances en guerre, & nommément en vertu du traité de commerce, conclu entre la Ruffie & la Grande-Brétagne le 20 Juin 1766, ainfi que du traité de commerce conclu entre le Dannemarck & la Grande-Brétagne le 11 Juillet 1670, & de celui conclu entre le Dannemarck & la France le 23 d'Août 1742. S. M. Impériale de toutes les Ruffies, & S. M. le Roi de Dannemarck & de Norvege entendent & veulent que tout autre trafic foit, & refte parfaitement libre. L. M. après avoir déja réclamé dans leurs déclarations faites aux puiffances belligérantes les principes généraux du droit naturel, dans la liberté du commerce, & de la navigation, de même que les droits des peuples neutres sont une conséquence directe, ont résolu de ne les point laisser plus long-tems dépendre d'une interprétation arbitraire, suggérée par des intérêts isolés & momentanés. Dans cette vue elles sont convenues.

1°. Que tous vaisseaux peut naviguer librement de port en port, & sur les côtes des nations en guerre.

2°. Que les effets appartenans aux sujets desdites puissances en guerre soient libres sur les vaisseaux neutres à l'exception des marchandises de contrebande.

3°. Que pour déterminer ce qui caractérise un port bloqué, on n'accorde cette dénomination qu'à celui, où il y a par la disposition de la puissance qui l'attaque avec des vaisseaux arrêtés, & suffisamment proches, un danger évident d'entrer.

4°. Que les vaisseaux neutres ne peuvent être arrêtées, que sur de justes causes, & faits évidens; qu'ils soient jugés sans retard, que la procédure soit toujours uniforme, prompte, légale, que chaque fois, outre les dédommagemens qu'on accorde à ceux qui ont fait des pertes, sans avoir été en faute, il soit rendu une satisfaction complete pour l'insulte faite au pavillon de L. M.

ARTICLE IV.

Pour protéger le commerce commun de leurs ſujets, fondé ſur les principes ci-deſſus établis, S. M. Impériale de toutes les Ruſſies, & S. M. le Roi de Danemarck & de Norvege, ont jugé à propos d'équiper ſéparément un nombre de vaiſſeaux de guerre, & de frégates proportionné à ce but, les eſcadres de chaque puiſſance ayant à prendre la ſtation, & devant être employées aux convois qu'exigent ſon commerce & ſa navigation, conformément à la nature & la qualité du trafic de chaque nation.

ARTICLE V.

Si pourtant il arrivoit que les vaiſſeaux marchands de l'une des puiſſances ſe trouvaſſent dans un parage, où les vaiſſeaux de guerre de la même nation ne fuſſent pas ſtationnés, & où ils ne pourroient pas avoir recours à leurs propres convois, alors le commandant des vaiſſeaux de guerre de l'autre puiſſance s'il en eſt requis, doit de bonne foi, & ſincerement leur prêter les ſecours, dont ils pourroient avoir beſoin, & en tel cas les vaiſſeaux de guerre, & frégates de l'une des puiſſances ſerviront de ſoutien & d'appui aux vaiſſeaux marchands de l'autre, bien-entendu cependant, que les réclamants n'auroient fait aucun commerce illicite, ni contraire aux principes de la neutralité.

ARTICLE VI.

Cette convention n'aura point d'effet rétroactif, & par conſéquent on ne prendra aucune part aux différens nés avant ſa concluſion, à moins qu'il ne ſoit queſtion d'actes de violences continués, tendants à fonder un ſyſteme oppreſſif pour toutes les nations neutres de l'Europe en général.

ARTICLE VII.

S'il arrivoit malgré tous les ſoins plus attentifs & les plus amicales, employés par les deux puiſſances, & malgré l'obſervation de la neutralité la plus parfaite de leur part, que les vaiſſeaux marchands de S. M. Impériale de toutes les Ruſſies, & de S. M. le Roi de Dannemarck & de Norvege, fuſſent inſultés, pillés ou pris par les vaiſſeaux de guerre, ou armateurs de l'une ou l'autre des puiſſances en guerre, alors le miniſtre de la partie léſée auprès de la cour, dont les vaiſſeaux de guerre ou armateurs auront commis de tels attentats, y fera des repréſentations, réclamera le vaiſſeau marchand enlevé, & inſiſtera ſur les dédommagemens convenables, en ne perdant jamais de vue la réparation de l'inſulte faite au pavillon. Le miniſtre de l'autre partie contractante ſe joindra à lui, & appuyera ſes plaintes de la manière la plus énergique & la plus efficace ; & ainſi il ſera agi d'un commun & parfait accord. Que ſi l'on ſe refuſoit de rendre juſtice ſur ces plaintes ou si l'on remettoit de la rendre d'un tems à l'autre, alors L. M. useront de représailles contre la puissance qui la leur refuseroit, & elles se concerteront incessamment sur la manière la plus efficace d'effectuer ces justes représailles.

ARTICLE VIII.

S'il arrivoit que l'une ou l'autre des deux puissances, ou tous les deux ensemble à l'occasion, ou en haine de la présente convention ou pour quelque cause qui y eut rapport fût inquiétée, molestée ou attaquée, il a été également convenu que les deux puissances feront cause commune pour se défendre réciproquement, & pour travailler & agir de concert à se procurer une pleine & entière satisfaction, tant pour l'insulte faite à leur pavillon que pour les pertes causées à leurs sujets.

ARTICLE IX.

Cette convention arrêtée & conclue pour tout le tems que durera la guerre actuelle servira de base aux engagemens, que les conjectures pourroient faire contracter dans la suite des tems, & à l'occasion des nouvelles guerres par lesquelles l'Europe auroit le malheur d'être troublée. Ces stipulations doivent au reste être regardées comme permanentes, & feront loi en matière de commerce & de navigation, & toutes les fois qu'il s'agira d'apprécier les droits des nations neutres.

ARTICLE X.

Le but & l'objet principal de cette convention, étant d'aſſurer la liberté générale du commerce & de la navigation, S. M. Impériale de toutes les Ruſſies, & S. M. le Roi de Danemarck & de Norvege conviennent, & s'engagent d'avance à conſentir que d'autres puiſſances y accedent, & qu'en adoptant les principes, elles en partagent les obligations, ainſi que les avantages.

ARTICLE XI.

Afin que les puiſſances en guerre ne prétendent cauſe d'ignorance, relativement aux arrangemens pris entre leurſdites Majeſtés, les deux hautes parties contractantes communiqueront amicalement a toutes les puiſſances belligérantes, les meſures qu'elles ont concertées entre elles, d'autant moins hoſtiles qu'elles ne ſont au détriment d'aucune autre, mais tendent uniquement à la ſûreté du commerce & de la navigation de leurs ſujets reſpectifs.

ARTICLE XII.

La préſente convention ſera ratifiée par les deux parties contractantes, & les ratifications échangées en bonne & due forme dans l'eſpace de ſix ſemaines à compter du jour de la date de la ſignature, ou plutôt, ſi faire ſe peut. En foi de quoi nous ſouſſignés, en vertu de nos pleins pouvoirs, l'avons ſigné & y avons appoſé les cachets de nos armes.

Fait à Copenhague le 1er. jour du mois de Juillet l'an de grace 1780.

E. CHARLES D'OSTEN, (L. s.)
nommé SACKEN-O. THOTT. (L. s.)
I. SCHACK RATHLOU. (L. s.)
H. EICKSTEDT. (L. s.)
A. P. Comte BERNSTORFF. (L. s.)

Les ratifications de cette convention ont été échangées à Copenhague, le 5 & 10 Septembre 1780, par les mêmes miniſtres plénipotentiaires qui l'avoient ſigné.

Et comme ici, à St. Pétersbourg, il a été ſigné de même, le 21 Juillet dernier, par les miniſtres authoriſés à cet effet, ſavoir : de la part de S. M. Imp., par le ſieur Nikita, comte de Panin, ſon conſeiller privé actuel, ſénateur, chambellan actuel & chevalier des ordres de St. André, de St. Alexandre-Newsky, & de celui de Ste. Anne ; & par le ſieur Jean, comte d'Oſtermann, ſon vice-chancelier, conſeiller privé & chevalier de l'ordre de St. Alexandre-Newsky, & de celui de St. Anne ; & de la part de S. M. le Roi de Suede, par le ſieur Fréderic, baron de Nolken, ſon envoyé extraordinaire à la cour de S. M. Imp., chambellan & commandeur de l'ordre de l'Etoile-polaire, chevalier de ceux de l'épée & de St. Jean, & actuellement déja ratifié une autre convention dans la même forme & de la même teneur, mot pour mot, que celle de Copenhague à l'article II près, où à l'occasion d'une explication pareille de la nature de la contrebande en général, il a été néceſſaire de ſe rapporter aux traités qui ſubſiſtent entre la couronne de Suede & les autres puiſſances : par cette raiſon, & pour ne point répeter ce qui a été déja dit on s'eſt contenté d'inſerer ici, de mot à mot ledit article II. Il eſt encore à obſerver que les deux Rois en s'uniſſant à l'Impératrice, ont accédé réciproquement par des actes ſignés par eux-mêmes, comme parties principales contractantes aux conventions ſuſmentionnées, conclues entre S. M. Imp. & leurſdites majeſtés, leſquels actes ont été échangés ici par le miniſtère de S. M.

DE LA CONVENTION

De St. Pétersbourg, conclue entre Sa Majesté Impériale & Sa Majesté le Roi de Suede, signée le 21 Juillet dernier.

Article II.

„ Pour éviter toute équivoque & tout mal-
„ entendu, sur ce qui doit être qualifié de
„ contrebande, S. M. Imp. de toutes les Rus-
„ sies, & S. M. le Roi de Suede, déclarent
„ qu'elles ne reconnoissent pour telles que
„ les marchandises comprises sous cette dé-
„ nomination dans les traités qui subsistent
„ entre leursdites majesté, & l'une ou l'autre
„ des puissances belligérantes; S. M. Imp. de
„ toutes les Russies se referant nommément
„ à cet égard aux articles 10 & 11 de son
„ traité de commerce avec la Grande-Bre-
„ tagne, elle en étend les obligations, entié-
„ rement fondées dans le droit naturel aux
„ couronnes de France & d'Espagne, & qui
„ n'ont point été liées jusqu'ici avec son em-
„ pire par aucun engagement formel, pure-
„ ment relatif au commerce, S. M. le Roi de
„ Suede de son côté se rapporte aussi nommé-
„ ment à l'article 11 de son traité de com-

„ merce avec la Grande-Bretagne, & la te-
„ neur du traité préliminaire de commerce,
„ conclu entre les deux couronnes de Suede
„ & de France, en 1741, & quoique dans ce
„ dernier, la définition de la contrebande ne
„ ſe trouve pas nommément expliquée, ce-
„ pendant, comme les deux royaumes y ont
„ ſtipulé de ſe regarder réciproquement comme
„ *gens amiciſſima*, & qu'au reſte la Suède
„ s'y eſt réſervée les mêmes avantages, dont
„ jouiſſent en France, d'ancien droit, les
„ villes anſéatiques, avantages ſolemnellement
„ confirmés par les traités d'Utrecht; le Roi
„ n'a rien à y ajouter. Vis-à-vis de l'Eſpagne il
„ ſe trouve dans le même cas, que l'Impé-
„ ratrice, & à ſon inſtar, il étend à ladite
„ couronne les obligations des ſuſdits traités,
„ entiérement fondés dans le droit naturel."

ACTE

Par lequel leurs hautes puissances les seigneurs états-généraux des Provinces-Unies des Pays-Bas, accèdent aux conventions maritimes, conclues le 28 Juin, 9 & 21 Juillet & 1 Août 1780, à Copenhague & à St. Pétersbourg, entre S. M. Imp. de toutes les Russies & leurs majestés les Rois de Dannemark & de Suede, auxquelles ces deux souverains ont accédé réciproquement par des déclarations signées de leur propre main, datée de Fréderisbourg, le 7 Juillet 1780, & échangées à St. Pétersbourg, par l'entremise du ministre de S. M. Imp. de toutes les Russies.

L'ATTENTION de S. M. Imp. de toutes les Russies à veiller au maintien des intérêts & des droits de ses sujets, l'ayant portée à donner une consistance solide & permanente à un sistême juste & raisonnable de neutralité sur mer, & à contracter pour cet effet un engagement formel avec S. M. le Roi de Dannemarck & de Norvege, qui a été immédiatement suivi d'un autre pareil avec S. M. le Roi de Suede, a animé leurs hautes puissances les états-généraux des Provinces-Unies, à se rendre à l'invitation de S. M. Imp., & à adopter des principes conformes à ceux qui se trouvent énoncés dans sa déclaration & dans celles des puissances susmentionnées. Pour cet effet elles se sont déterminées, non-seulement à manifester dans une déclaration formelle, récemment remise aux puissances actuellement en guerre, leur façon de penser analogue à celle de l'Impératrice & des deux Rois ses alliés, mais aussi à prendre une part directe & effective, en qualité des parties principales contractantes, aux stipulations contractées entre elles pour la protection de la navigation innocente de leurs sujets respectifs.

En conséquence de cette détermination de L. H. P., & en vertu de l'article 10 de la double convention maritime de Copenhague, & de St. Pétersbourg, où il est dit.

„ Que le but & l'objet principal de cette „ convention, étant d'assurer la liberté générale du commerce, & de la navigation, S. „ M. Impériale de toutes les Russies, & S. M. „ le Roi de Danemarck & de Norvege, conviennent & s'engagent d'avance à consentir que d'autres puissances également neutres „ y accédent, & qu'en adoptant les principes, elles en partagent les obligations, „ ainsi que les avantages. " S. M. Imp. de toutes les Russies, de concert avec L. M. les Rois, ses alliés a d'autant moins hésité d'entrer en négociation avec leurs hautes puissances, tant pour elle-même, que pour ses deux alliés, dont les vœux & les vûes lui ont été confiées,

confiées, que leurſdites hautes puiſſances ont, pour cet effet jugé à propos d'envoyer vers elle une ambaſſade extraordinaire, chargée de témoigner en leurs nom combien l'invitation de l'Impératrice leur à été agréable, & de conſommer l'union propoſée entre les couronnes du nord, & les Provinces Unies.

Pour parvenir à ce but deſiré, & ſalutaire, S. M. Imp. a nommé pour plenipotentiaires le ſieur Nikita comte Panin ſon conſeiller privé actuel, ſenateur, chambellan actuel, & chevalier des ordres de S. André, de S. Alexandre Newsky, & de S. Anne, le ſieur Jean comte d'Oſtermann, ſon vice-chancelier conſeiller privé, & chevalier des ordres de S. Alexandre Newsky, & de S. Anne, le ſieur Alexandre de Bezborodko, major général de ſes armées, & colonel commandant le régiment de Kiovie de la milice de la petite Ruſſie, & le ſieur pierre de Bacounin ſon conſellier d'état actuel, membre du département des affaires étrangéres, & chévalier de l'ordre de S. Anne; leurs hautes puiſſances ayant chargé de leurs pleinspouvoirs, le ſieur Guillaume Louis baron de Waſſenaer, ſeigneur de Starrenbourg du corps des nobles de la province de Hollande, Weſtfrieſe, ſur-intendant du Rhynlande, député ordinaire de la d. province à l'aſſemblée des états généraux & ambaſſadeur extraordinaire, et plenipotentiaire de leurs hautes puiſſances à la cour Impériale de Ruſſie; le ſieur Théodore Jean baron de Heeckeren, ſeigneur de Brantzenbourg, député ordinaire a l'aſſemblée des états généraux de la part du premier ordre de la province d'Utrecht, et leur ambaſſadeur extraordinaire et plénipotentiaire à la cour Impériale de Ruſſie, et le ſieur Jean Iſaac de Swaart, réſident de leurs hautes puiſſances près de la même cour, les quels après avoir échangé entre eux leurs pleinspouvoirs, trouvés en bonne, et dûe forme, ont arrêté, et conclu, que tous les deux articles des deux conventions du même contenu conclues à Copenhague le 28. Juin, 9 Juillet 1780. entre S. M. Imp. de toutes les Ruſſies, et S. M. le Roi de Dannemarck, et de Norvége, et à S. Petersbourg 21. Juillet 1. Août 1780. entre S. M. Imp. de toutes les Ruſſies, et S. M. le Roi de Suède en toutes leurs clauſes, et obligations aux changemens près, qui reſulte de la nature des differens traités, et engagemens, ſubſiſtans entre les hautes parties contractantes, & l'une ou l'autre des puiſſances actuellement en guerre dans les articles 2 & 3 de la double convention maritime de Copenhague & de St. Pétersbourg, ci-deſſus indiquée, doivent être regardés comme s'ils étoient faits, arrêtés, établis mot-à-mot entre S. M. Imp. de toutes les Ruſſies; & leurs hautes puiſſances, en qualité des parties principales contractantes avec les réſervations expreſſes que les mentionnés articles 2 & 3 des ſuſdites conventions ſoient particuliérement appropriés aux engagemens antérieurs de leurs hautes puiſſances, à l'égard des marchandiſes de contrebande. Au ſujet de ces marchandiſes, elles déclarent vouloir ſe tenir exactement à ce qu'il a été ſtipulé par les traités, conclus entre elles & les puiſſances belligérantes, & nommément dans le ſixieme art. du traité de marine avec la couronne d'Eſpagne, le 17 Décembre 1650, le troiſieme article de leur traité de marine avec la couronne de la Grande-Bretagne, le 1 Décembre 1674, & le ſixieme article de leur traité de commerce, navigation & marine, avec la couronne de France, conclu le 21 Décembre 1739, pour l'eſpace de 25 ans, & dont leurs hautes puiſſances étendent les diſpoſitions & les déterminations au ſujet de la contrebande indéfiniment comme étant fondées ſur le droit de la nature & des gens.

Afin de prévenir toute inexactitude les plénipotentiaires de S. M. Imp. remetront à ceux de leurs hautes puiſſances, des copies vidimées des deux conventions de Copenhague & de St. Pétersbourg, qui ſeront regardées comme ſi elles étoient inſérées mot pour mot dans le préſent acte.

Les ratifications de cet acte d'acceſſion arrêtée entre S. M. Imp. de toutes les Ruſſies & leurs hautes puiſſances les états-généraux ſeront fournies & échangées ici à St. Pétersbourg dans l'eſpace de deux mois, ou plutôt ſi faire ſe peut. Il a été convenu de même, qu'à l'occaſion de cet échange des ratifications, leurs hautes puiſſances feront remettre deux déclarations uniformes pour L. M. les deux Rois alliés de l'Impératrice ſuivant la formule ci-annexée, qui par l'entremiſe du miniſtre de Ruſſie, doivent être échangées contre celles de leurſdites Majeſtés, en vertu deſquels ces deux ſouverains & les ſeigneurs états-généraux acceptent immédiatement entre eux les ſtipulations mutuelles ci-deſſus énoncées. En foi de quoi nous ſouſſignés en vertu de nos pleins-pouvoirs l'avons ſignés & y avons appoſés les cachets de nos armes. Fait à St. Pétersbourg, le 24 Décembre 1780.

Comte N. PANIN. (L. S.)
B. DE WASSENAER. (L. S.)
Comte J. D'OSTERMANN. (L. S.)
B. DE HEEKEREN. (L. S.)
ALEXANDRE DE BEZBORODKO. (L. S.)
J. J. DE SWARE. (L. S.)
PIERRE DE BACOUNIN. (L. S.)

Les ratifications de cet acte ont été échangées à St. Pétersbourg le 22 Février 1781 par les mêmes plénipotentiaires qui l'avoient ſignées.

ACTE

Pour le maintien de la liberté du commerce & de la navigation neutre, conclu entre S. M. Imp., & S. M. le Roi de Prusse, le 8 Mai 1781.

La justice & l'équité des principes que S. M. l'Impératrice de toutes les Russies a adoptés & avoués à la face de l'Europe par sa déclaration du 28 Février 1780, remise à toutes les puissances belligerantes, ont déterminé S. M. le Roi de Prusse à vouloir prendre une part aussi directe que possible, au systême glorieux de neutralité qui en a résulté avec l'applaudissement universel de toutes les nations, non-seulement en avouant ces principes, fondés sur la justice & le droit des gens, mais même en y accédant & les garantissant par un acte formel. Cette détermination de S. M. Prussienne répondant parfaitement au desir de S. M. Imp. de toutes les Russies, de leur donner une base stable & solide, en les faisant reconnoître solemnellement par toutes les puissances, comme les seules capables d'établir la sûreté du commerce & de la navigation des nations neutres en général, L. M. se sont portées d'un commun accord à entrer en négociation sur un objet qui les intéresse au même degré en tant qu'il peut être approprié au bien & à l'avantage de leurs sujets respectifs, & pour cet effet elles ont choisi, nommé & autorisé, savoir : S. M. l'Imp. de toutes les Russies, le sieur Nikita comte Panin, son conseiller privé actuel sénateur chambellan actuel & chevalier des ordres de St. André, de St. Alexandre Newsky & de Ste. Anne; le sieur Jean comte d'Ostermann, son vice-chancelier, conseiller privé, & chevalier des ordres de Saint Alexandre Newsky & de Ste. Anne; le sieur Alexandre de Bezborodko, major-général de ses armées & colonel, commandant le régiment de Kiovie de la milice de la petite Russie, & le sieur Pierre de Bacounin, son conseiller d'état actuel, membre du département des affaires étrangères, & chevalier de l'ordre de Ste. Anne, & S. M. le Roi de Prusse, le sieur comte de Gortz son ministre d'état, & son envoyé extraordinaire à la cour Imp. de Russie, lesquels après avoir échangé entre eux leurs pleins-pouvoirs, trouvés en bonne & due forme sont convenus des articles.

Article I.

L. M. étant sincèrement résolues d'entretenir constamment l'amitié & l'harmonie la plus parfaite avec les puissances actuellement en guerre, & de continuer à observer la neutralité la plus stricte & la plus exacte, déclarent vouloir tenir la main à la plus rigoureuse exécution des défenses portées contre le commerce de contrebande de leurs sujets, avec qui que ce ſoit des puiſſances déja en guerre, ou qui pourroient y entrer dans la ſuite.

ARTICLE II.

Pour éviter toute équivoque & tout malentendu ſur ce qui doit être qualifié de contrebande, S. M. l'Imp. de toutes les Ruſſies, a déclaré qu'elle ne reconnoît pour telles, que les marchandiſes compriſes ſous cette dénomination dans les articles 10 & 11 de ſon traité de commerce avec la Grande-Bretagne, dont elle a étendu les obligations entierement fondées dans le droit naturel aux couronnes de France & d'Eſpagne, qui n'ont point été liées juſqu'ici avec ſon empire par aucun engagement purement relatif au commerce. Com-il n'en exiſte non plus aucun de cette nature entre S. M. Pruſſienne & les puiſſances actuellement en guerre; elle déclare de ſon côté, qu'à cet égard, elle veut auſſi ſe conformer envers elles aux obligations du ſuſmentionné traité de commerce entre la Ruſſie & la Grande-Bretagne, ſe référant nommément aux articles 10 & 11 de ce traité.

ARTICLE III

La contrebande déterminée & exclue du commerce, en conformité des articles 10 & 11 du ſuſdit traité, conclu entre la Ruſſie & la Grande-Bretagne, le 20 Juin 1766. S. M. Imp. de toutes les Ruſſies & S. M. le Roi de

Pruſſe, entendent & veulent, que tout autre trafic ſoit & reſte parfaitement libre ſur la baſe des principes généraux du droit naturel que S. M. l'Imp. a réclamé ſolemnellement, & dont la liberté du commerce et de la navigation, de même que les droits des peuples neutres ſont une conſequence directe, et comme pour ne les point laiſſer dépendre d'une interprétation arbitraire, ſuggérée par des intérêts iſolés et momentanés, S. M. Imp. de toutes les Ruſſies a adopté et établi pour baſe, les quatre points ſuivans :

1°. Que tout vaiſſeau peut naviguer librement de port en port et ſur les côtes des nations en guerre.

2°. Que les effets appartenans aux ſujets deſdites puiſſances en guerre, ſoient libres ſur les vaiſſeaux neutres, à l'exception des marchandiſes de contrebande.

3°. Que pour déterminer ce qui caractériſe un port bloqué, on n'accorde cette dénomination qu'à celui où il y a, par la diſpoſition de la puiſſance qui l'attaque avec des vaiſſeaux arrétés & ſuffiſamment proches, un danger évident d'entrer.

4°. Les vaiſſeaux neutres ne peuvent être arrêtés que ſur des juſtes cauſes & faits évidens, qu'ils ſoient jugés ſans retard, que la procédure ſoit toujours uniforme, prompte & légale, & que chaque fois, outre les dédommagemens qu'on accorde à ceux qui ont fait des pertes, ſans avoir été en faute, il ſoit rendu une ſatisfaction complette pour l'inſulte faite au pavillon.

S. M. le Roi de Pruſſe accéde à ces principes, les adopte également, & les garantit de la manière la plus poſitive, s'engageant à les ſoutenir, & réclamer toutes les fois que les intérêts du commerce & de la navigation des ſujets des deux hautes parties contractantes pourront l'exiger.

Article IV.

En réciprocité de cette acceſſion, S. M. l'Imp. de toutes les Ruſſies continuera à faire jouir le commerce, & la navigation des ſujets Pruſſiens, de la protection de ſes flottes, qu'elle leur a déja fait accorder ſur la requiſition de S. M. le Roi de Pruſſe, ayant fait expédier des ordres à tous les chefs de ſes eſcadres de protéger & défendre contre toute inſulte, & moleſtation, les navires marchands Pruſſiens, qui ſe trouveront ſur leur route, comme ceux d'une puiſſance amie, alliée & ſtricte obſervatrice de la neutralité, bien entendu cependant que les ſuſdits navires ne feront employés à aucun commerce illicite, ni contraire aux regles de la neutralité la plus ſtricte & la plus exacte.

Article V.

S'il arrivoit malgré tous les ſoins les plus attentifs employés par les deux puiſſances contractantes, pour l'obſervation de la neutralité la plus parfaite de leur part, que les vaiſſeaux marchands de S. M. Imp. de toutes les Ruſſies, & de S. M. le Roi de Pruſſe, fuſſent inſultés, pillés ou pris par les vaiſſeaux de guerre, ou armateurs de l'une ou l'autre des puiſſances en guerre, alors le miniſtre de la partie léſée auprès de la cour, dont les vaiſſeaux de guerre ou armateurs auront commis de tels attentats, y fera des repréſentations, réclamera le vaiſſeau marchand enlevé, & inſiſtera ſur les dédommagemens convenables, en ne perdant jamais de vue la réparation de l'inſulte faite au pavillon. Le miniſtre de l'autre partie contractante ſe joindra à lui, & appuyera ſes plaintes de la manière la plus énergique, & la plus efficace; & ainſi il ſera agi d'un commun & parfait accord. Que ſi l'on refuſoit de rendre juſtice ſur les plaintes, ou ſi l'on remettoit de le faire d'un tems à l'autre, alors leurs majeſtés uſeront de repréſailles contre la puiſſance qui s'y refuſeroit; & elles ſe concerteront inceſſamment ſur la manière la plus propre à effectuer ces juſtes repréſailles.

Article VI.

S'il arrivoit que l'une ou l'autre des deux puiſſances contractantes, ou toutes les deux enſemble, à l'occaſion ou en haine du préſent acte, pour quelque cauſe qui y ait rapport, fuſſent inquietées, moleſtées ou attaquées, a été également convenu que les deux puiſſances feront cauſe commune pour ſe défendre réciproquement, & pour travailler & agir de concert à ſe procurer une pleine & entière ſatisfaction, tant pour l'inſulte faite à leur pavillon, que pour les pertes cauſées à leurs ſujets.

ARTICLE VII.

Le préſent acte n'aura point d'effet rétroactif, & par conſéquent on ne prendra aucune part aux différens nés avant la concluſion, à moins qu'il ne ſoit queſtion d'actes de violence continus & tendans à fonder un ſiſtême oppreſſif pour toutes les nations neutres de l'Europe en général.

ARTICLE VIII.

Toutes les ſtipnlations arrêtées dans le préſent acte, doivent être regardées comme permanentes, & feront loi en matière de commerce & de navigation, & toutes les fois qu'il s'agit d'apprécier les droits des nations neutres.

ARTICLE IX.

Le but & l'objet principal de cet acte étant d'aſſurer la liberté générale du commerce & de la navigation, S. M. Imp. de toutes les Ruſſies, & S. M. Pruſſienne conviennent & s'engagent d'avance à conſentir que d'autres puiſſances également neutres y accédent, & qu'en adoptant les principes qui y ſont contenus, elles en partagent les obligations, ainſi que les avantages.

Article X.

Afin que les puiſſances en guerre ne prétendent cauſes d'ignorance, relativement aux engagemens pris entre leurſdites majeſtés, elles les leur communiqueront amicalement, d'autant qu'ils ne ſont nullement hoſtiles, ni au détriment d'aucune d'elles, mais tendent uniquement à la sûreté du commerce & de la navigation de leurs ſujets reſpectifs.

Article XI.

Le préſent acte ſera ratifié par les deux parties contractantes, & les ratifications en ſeront échangées dans l'eſpace de ſix ſemaines, à compter du jour de la ſignature, ou plutôt ſi faire ſe peut.

En foi de quoi nous, les plénipotentiaires, en vertu de nos plains-pouvoirs, l'avons ſigné & y avons appoſé les ſceaux de nos armes. Fait à St. Pétersbourg, le 8 Mai 1781.

Comte Panin, (L. s.) E. Comte de Goertz, Comte Jean d'Ostermann, (L. s.) Alexandre de Bezborodko, (L. s.) Pierre Bacounin, (L. s.)

Les ratifications de cet acte ont été échangées à St. Pétersbourg, le 15 Juin 1781.

ACTE D'ACCESSION.

Joseph second, par la grace de Dieu, Empereur des Romains toujours auguste, Roi d'Allemagne & de Jérusalem, d'Hongrie & de Bohême, de Dalmatie & Croatie, d'Esclavonie, de Gallice & de Lodomerie, archiduc d'Autriche, duc de Bourgogne & de Lorraine, grand-duc de Toscane, grand-prince de Transilvanie, duc de Milan, de Mantoue, de Parme, &c. comte de Hasbourg, de Flandres, de Tirol, &c. &c. &c.

AYANT été invité amicalement par S. M. l'Imp. de toutes les Russies de concourir avec elle à la consolidation des principes de neutralité sur mer, tendant au maintien de la liberté du commerce maritime & de la navigation des puissances neutres, qu'elle a exposé dans la déclaration du 28 Février 1780, remise de sa part aux puissances belligérantes; lesquels principes portent en substance :

Que les vaisseaux neutres puissent naviguer librement de port en port, & sur les côtes des nations en guerre.

Que les effets appartenans aux sujets des puissances en guerre soient libres sur les vaiſſeaux neutres, à l'exception des marchandiſes de contrebande.

Qu'il ne ſoie conſidéré comme telles, que les marchandiſes énoncées dans les articles 10 & 11 du traité de commerce conclu entre la Ruſſie & la Grande-Bretagne, le 20 Juin 1766.

Que pour déterminer ce qui caractériſe un port bloqué, on n'accorde cette dénomination qu'à celui où il y a, par la diſpoſition de la puiſſance qui l'attaque avec des vaiſſeaux ſuffiſamment proches, un danger évident d'entrer.

Enfin que ces principes ſervent de regle dans les procédures & les jugemens ſur la légalité des priſes.

Et ſadite majeſté de toutes les Ruſſies nous ayant propoſé, à cet effet, de manifeſter, par un acte d'acceſſion formelle, non-ſeulement notre pleine adhéſion à ces mêmes principes, mais encore notre concours immédiat aux meſures pour en aſſurer l'exécution, que nous adopterions de notre côté, en contractant réciproquement avec ſadite majeſté les engagemens & ſtipulations ſuivant; ſavoir :

1°. Que de part & d'autre, on continuera d'obſerver la neutralité la plus exacte & on tiendra la main à la plus rigoureuſe exécution des defenſes portées contre le commerce de contrebande de leurs ſujets reſpectifs avec qui que ce ſoit des puiſtances deja en guerre, ou qui pourroient y entrer dans la ſuite.

2°. Que ſi malgré tous les ſoins employés à cet effet les vaiſſeaux marchands de l'une des deux puiſſances fuſſent pris ou inſultés par des vaiſſeaux quelconques des puiſſances belligerantes, les plaintes de la puiſſance leſée feront appuyées de la manière la plus efficace par l'autre, que ſi l'on refuſoit de rendre juſtice ſur ces plaintes, elles ſe concerteront inceſſamment ſur la manière la plus propre à ſe la procurer par des juſtes repreſailles.

3°. Que s'il arrivoit, que l'une ou l'autre de deux puiſſances, ou toutes les deux enſemble à l'occaſion, ou en haine du preſent accord, fût inquietée, moleſtée ou attaquée, alors elles feront cauſe commune entre elles pour ſe defendre reciproquement, & pour travailler de concert à ſe procurer une pleine & entière ſatisfaction, tant pour l'inſulte faite à leur pavillon, que pour les pertes cauſées à leurs ſujets.

4°. Que ces ſtipulations ſeront conſiderées de part & d'autre comme permanente, & faiſant regle, toutes les fois qu'il s'agira d'apprecier les droits de neutralité.

5°. Que les deux puiſſances communiqueront amicalement leur preſent concert mutuel à toutes les puiſſances qui ſont actuellement en guerre.

Nous, voulant par un effet de l'amitié ſincère qui nous unit heureuſement à S. M. l'Imperatrice de toutes les Ruſſies, ainſi que pour le bien-être de l'Europe en général, & de nos pays en particulier, contribuer de notre côté à l'execution de vues, de principes & de meſures auſſi ſalutaires que conformes aux notions les plus évidentes du droit des gens, avons resolu d'y acceder, comme nous y accedons formellement en vertu du present acte, promettant & nous engageant solemnellement de même que S. M. l'Imperatrice de toutes les Russies s'engage envers nous, d'observer, executer & garantir tous les points & stipulations ci-dessus.

En foi de quoi nous avons signé la presente de notre propre main, et l'avons munie de notre sceau.

Donné à Vienne, le 9 Octobre 1781.

JOSEPH. (L. S.)

W. KAUNITZ RIETBERG.

Le present acte d'accession de S. M. l'Empereur des Romains a été échangé contre celui d'acceptation de S. M. Imp. de toutes les Russies à la conference du 19 Octobre 1781 par les plenipotentiaires respectifs, savoir de la part de S. M. l'Empereur des Romains, par le sieur comte de Cobentzl, son chambellan actuel & ministre plenipotentiaire près de cette cour, & de la part de S. M. l'Imperatrice de toutes les Russies par le sieur comte d'Ostermann, son vice-chancellier, conseiller privé actuel, senateur & chevalier des ordres de St. Alexandre Newski & de Ste. Anne, le sieur de Bezborodko, son général-major et colonel commandant le regiment de Kiovie de la milice de la petite Russie, et le sieur de Bacounin, son conseiller d'état actuel, membre du college des affaires étrangères, et chevalier de l'ordre de Ste. Anne.

CONVENTION

CONVENTION MARITIME

Pour le maintien de la liberté de la navigation marchande neutre, couclue entre S. M. Imp. de toutes les Ruſſies, & S. M. la Reine de Portugal.

SA M. Imp. de toutes les Ruſſies, ayant invité S. M. la Reine de Portugal, de concourir avec elle à la conſolidation des principes de neutralité ſur mer, & au maintien de la liberté du commerce maritime; & de la navigation des puiſſances neutres, conformément à ſa déclaration du 28 Février 1780, remiſe de ſa part aux puiſſances belligérantes; la Reine, par un effet de l'amitié ſincere qui unit S. M. Imp. à S. M. très-fidèle, auſſi bien que pour l'intérêt de l'Europe en général, & celui de ſes pays & ſujets en particulier, a voulu contribuer de ſon côté à l'exécution des principes, & des meſures auſſi ſalutaires que conformes aux notions les plus évidentes du droit des gens.

Et en conſéquence elle s'eſt déterminée à nommer, de concert avec S. M. la Reine de Portugal, des plénipotentiaires, & de les charger de conclure une convention, dont l'eſprit

& le contenu répondroient en toutes choſes à ces mêmes intentions.

Pour cet effet leurſdites majeſtés ont choiſi, nommé & autoriſé S. M. Imp. de toutes les Ruſſies, le ſieur Jean comte d'Oſtermann, ſon vice-chancelier, conſeiller privé actuel, ſenateur & chevalier des ordres de St. Alexandre Newsky, & de Ste anne; le ſieur Alexandre de Bezborodko, major-général de ſes armées, membre du département des affaires étrangeres, & colonel-commandant le régiment de Kiovie de la milice de la petite Ruſſie; & le ſieur Pierre de Bacounin, ſon conſeil d'état actuel, membre du département des affaires étrangeres, & chevalier de l'ordre de Ste. Anne; & S. M. la Reine de Portugal, le ſieur François-Joſeph d'Horta Machado, de ſon conſeil & ſon miniſtre plénipotentiaire auprès de la cour impériale de Ruſſie, leſquels après avoir échangé entr'eux leurs pleins pouvoirs, trouvés en bonne & due forme, ſont convenus des articles ſuivans.

Article I.

S. M. l'Imp. de toute les Ruſſies & S. M. très-fidèle convaincues de la ſolidité & de l'évidence invincible des principes expoſés dans la ſuſdite déclaration du 28 Février 1780, & qui ſe réduiſent en ſubſtance aux cinq points qui ſuivent :

1°. Que les vaiſſeaux neutres puiſſent naviguer librement de port en port & ſur les côtes des nations en guerre.

2° Que les effets & marchandiſes appartenans aux ſujets des puiſſances en guerre, ſoient libres ſur les vaiſſeaux neutres, à l'exception des marchandiſes de contrebande.

3°. Qu'il ne ſoit conſidéré comme telle, que les marchandiſes énoncées dans les articles 10 & 11 du traité de commerce conclu entre la Ruſſie & la Grande-Bretagne, le 20 Juin 1766.

4°. Que pour déterminer ce qui caractériſe un port bloqué, on n'accorde cette dénomination qu'à celui, où il y a par la diſpoſition de la puiſſance qui l'attaque avec un nombre proportionné de vaiſſeaux ſuffiſamment proches un danger évident d'entrer.

5°. Enfin que ces principes ſervent de regle dans les procédures & dans les jugemens ſur la légalité des priſes.

Leurſdites majeſtés déclarent, que non-ſeulement elles donnent leur pleine adhéſion aux mêmes principes, mais que dans toutes les occaſions elles concourront efficacement pour les maintenir dans toute leur force & vigueur, & pour veiller à leur exécution la plus exacte.

Article II.

Par la préſente convention il ne ſera dérogé en rien aux traités actuellement ſubſiſtants entre la cour de Ruſſie, ou de Portugal, avec telle autre cour de l'Europe que ce puiſſe être, mais ces traités & les ſtipulations y contenues, continueront à avoir pour l'une & pour l'autre la même force obligatoire comme du paſſé, ſans que cette convention puiſſe jamais les invalider, ni encore moins les enfreindre.

ARTICLE III.

Les deux hautes puiſſances contractantes continueront à obſerver la neutralité la plus exacte, & tiendront la main à la plus rigoureuſe exécution des défenſes portées contre le commerce de contrebande de leurs ſujets reſpectifs, avec qui que ce ſoit des puiſſances déja en guerre, ou qui pourroient y entrer dans la ſuite, en comprenant nommément ſous la rubrique de contrebande, ce qui dans les articles ci-deſſus allégués 10 & 11 du traité de commerce conclu entre la Ruſſie & la Grande-Bretagne, le 20 Juin 1766, eſt réputé pour telle.

ARTICLE IV.

Si, malgré les ſoins employés à cet effet, les vaiſſeaux marchands Ruſſes, ou Portugais fuſſent pris, ou inſultés par des vaiſſeaux quelconques des puiſſances belligérantes, les plaintes et repréſentations de la puiſſance léſée feront appuyées de la manière la plus efficace par l'autre, et ſi contre toute attente on refuſoit de rendre juſtice ſur ces plaintes, elles ſe concerteront ſuffiſamment ſur la maniere la plus propre à ſe procurer une indemniſation par des juſtes repréſailles.

ARTICLE V.

S'il arrivoit que l'une ou l'autre des deux puissances, ou toutes les deux ensemble à l'occasion, ou en haine de la présente convention fussent inquiétées ou molestées, alors elles feront cause commune entre elles pour se défendre réciproquement, et pour travailler de concert à se procurer une pleine et entière satisfaction, tant pour l'insulte faite à leur pavillon, que pour les pertes causées à leurs sujets.

ARTICLE VI.

Les présentes stipulations seront considérées de part et d'autre comme permanentes, et faisant regle, toutes les fois qu'il s'agira d'apprécier les droits de neutralité.

ARTICLE VII.

Les deux puissances communiqueront amicalement leur présent accord mutuel à toutes les puissances qui sont actuellement en guerre.

ARTICLE VIII.

La présente convention sera ratifiée par les deux parties contractantes, & les ratifications en seront échangées dans l'espace de quatre mois, à compter du jour de la signature, ou plutôt si faite se peut.

En foi de quoi, nous les plénipotentiaires, en vertu de nos pleins pouvoirs, l'avons ſigné & y avons appoſé les ſceaux de nos armes.

Fait à St. Pétersbourg, le 13 Juillet 1780.

Comte J. d'Ostermann. (L. S.)

F.-Alexandre de Bezborodko. (L. S.)

J.-Pierre de Bacounin. (L. S.)

d'Horta Machado.

Les ratifications de cette convention ont été échangées à St. Pétersbourg le 21 Janvier 1781 par les mêmes plénipotentiaires qui l'avoient ſignées.

TRAITÉ

D'amitié, de navigation & de commerce, conclu entre S. M. I. Catherine II, &c. & S. M. le Roi de France, 31 Décembre 1786, 11 Janvier 1787.

ARTICLE I.

IL y aura une paix perpétuelle, bonne intelligence & ſincère amitié entre S. M. l'Impératrice de toutes les Ruſſies, & S. M. le Roi de France, leurs héritiers & ſucceſſeurs de part & d'autre, ainſi qu'entre leurs ſujets reſpectifs. A cet effet les hautes parties contractantes s'engagent, tant pour elles-mêmes, que pour leurs héritiers & ſucceſſeurs, & leurs ſujets ſans aucune exception, non-ſeulement à éviter tout ce qui pourroit tourner à leur préjudice reſpectif, mais encore à ſe donner mutuellement des témoignages d'affection & de bienveillance, tant par terre que par mer & dans les eaux douces, à s'entr'aider par toute ſorte de ſecours & de bons offices, en ce qui concerne le commerce & la navigation.

ARTICLE II.

Les sujets Russes jouiront en France, ainsi que les Français en Russie, d'une parfaite liberté de commerce, conformément aux loix & réglemens qui subsistent dans les deux monarchies, sans qu'on puisse les troubler, ni inquiéter en aucune manière.

ARTICLE III.

Une parfaite liberté de conscience sera accordée aux sujets français en Russie, conformément aux principes d'une entière tolérance qu'on y accorde à toutes les religions. Ils pourront librement s'acquitter des devoirs & vaquer au culte de leurs religions, tant dans leurs maisons que dans les églises publiques, qui y sont établies, sans éprouver jamais la moindre difficulté à cet égard. Les sujets russes en France jouiront également d'une parfaite liberté du culte de leur religion dans leurs propres maisons, à l'égard des autres nations qui ont des traités de commerce avec la France.

ARTICLE IV.

Les deux puissances contractantes accordent à leurs sujets respectifs dans tous les pays de leur domination, où la navigation & le commerce sont permis, les droits, franchises & exemptions, dont y jouissent les nations européennes les plus favorisées, & veulent qu'en conféquence ils profittent de tous les avantages, au moyen defquels leur commerce pourra s'étendre & fleurir de façon cependant, qu'à l'exception des fufdits droits, franchifes & prérogatives, autant qu'elles leur feront nommément accordées ci-deffous, ils foient foumis dans leur commerce & trafic aux tarifs, ordonnances & loix établies dans les états refpectifs.

Article V.

Dans tous les ports & grandes villes de commerce des états refpectifs, dont l'entrée & le commerce font ouverts aux nations européennes, lès deux puiffances contractantes pourront établir des confuls généraux, confuls & vice-confuls, qui jouiront de part & d'autre des priviléges, prérogatives, & immunités, attachées à ces places dans le pays de leur réfidence; mais pour ce qui regarde le jugement de leurs affaires, & relativement aux tribunaux des lieux où ils réfident, ils feront traités comme ceux des nations les plus favorifées avec lefquelles les deux puiffances ont des traités de commerce. Les fufdits confuls généraux, confuls, ou vice-confuls ne pourront point être choifis à l'avenir parmi les fujets nés de la puiffance, chez la quelle ils doivent réfider, à moins qu'ils n'aient obtenu une permiffion expreffe de pouvoir être accrédités auprès d'elle en cette qualité. Au refte cette exception ne fauroit avoir un effet rétroactif à l'égard de ceux, qui auroient été nommés aux susdites places avant la confection du présent traité.

Article VI.

Les consuls généraux, consuls ou vice-consuls des deux puissances contractantes auront respectivement l'autorité exclusive sur les équipages des navires de leur nation dans les ports de leur residence, tant pour la police générale des gens de mer, que pour la discussion & le jugement des contestations, qui pourront s'élever entre les équipages.

Article VII.

Lorsque les sujets commerçants de l'une ou de l'autre des puissances contractantes auront entre eux des procès ou autres affaires à régler, ils pourront d'un consentement mutuel, s'adresser à leurs propres consuls, & les decisions des ceux-ci seront non seulement valables & légales, mais ils auront le droit de demander en cas de besoin main forte au gouvernement pour faire exécuter leur sentence. Si l'une des deux parties ne consentoit pas à recourir à l'autorité de son propre consul, elle pourra s'adresser aux tribunaux ordinaires du lieu de sa residence, & toutes les deux seront tenues de s'y soumettre. En cas d'avarie sur un bâtiment Russe, si les Russes seuls en ont souffert, les consuls généraux, consuls ou vice-consuls de Russie en prendront connaissance, & seront chargés de régler ce qui y aura rapport; de même ſi dans ce cas les François ſont ſeuls à ſouffrir des avaries ſurvenues dans un bâtiment François les conſuls généraux, conſuls ou vice-conſuls François en prendront connoiſſance, & ſeront chargés de régler ce qui y aura rapport.

Article VIII.

Toutes les affaires des marchands françois trafiquans en Ruſſie ſeront ſoumiſes aux tribunaux établis pour les affaires des négocians, où elles ſeront jugées promptement d'après les loix qui y ſont en vigueur, ainſi que cela ſe pratique avec les autres nations qui ont des traités de commerce avec la cour de Ruſſie: les ſujets ruſſes dans les états de S. M. très-chrétienne ſeront également ſous la protection des loix du royaume, & traités à cet égard comme les autres nations, qui ont des traités de commerce avec la France.

Article IX.

Les ſujets des hautes parties contractantes pourront s'aſſembler avec leur conſul en corps de factorie & faire entre eux pour l'intérêt commun de la factorie les arrangemens, qui leur conviendront, en tant qu'ils n'auront rien de contraire aux loix, ſtatuts & réglemens du pays ou de l'endroit où ils ſeront établis.

Article X.

Les ſujets des hautes parties contractantes payeront pour leurs marchandiſes les douanes & autres droits fixés par les tarifs actuellement en force, ou qui exiſteront à l'avenir dans les états reſpectifs. Mais pour encourager le commerce des ſujets françois avec la Ruſſie, S. M. Imp. leur accorde la prérogative de pouvoir acquitter les droits des douanes dans toute l'étendue de ſon empire, en monnoye courante de Ruſſie, ſans être aſſujettis à les payer comme ci-devant en rixdalers, de façon que pour chaque rixdaler il ne ſera exigé d'eux que 125 copeks; mais la ſuſdite facilité n'aura point lieu dans le port de Riga, où les ſujets ruſſes eux-mêmes doivent payer le droit de douanes de marchandiſes en Rixdalers effectifs. En réciprocité de cet avantage S. M. très-chrétienne voulant auſſi de ſon côté promouvoir la navigation directe des ſujets ruſſes avec ſes états, leur accorde en totalité l'exemption du droit de frêt, établi en France ſur les navires ruſſes qui chargeront des marchandiſes de France pour les tranſporter dans un autre port du même royaume & les y déchargeront auquel cas leſdits navires acquitteront le droit dont il s'agit auſſi long-temps que les autres nations ſeront obligées de l'acquitter.

Article XI.

Afin de favoriſer encore plus particulierement

le commerce direct entre les provinces méridionales des états respectifs, S. M. Imp. s'engage à faire participer les négocians françois à l'avantage accordé à ses sujets par le sixieme article de son édit du 27 Septembre 1782 servant d'introduction au tarif général des douanes de Russie, énoncé en ces termes: „ quoi- „ que ce tarif général doive servir aussi pour „ tous nos ports, situés sur la mer noire & „ sur celle d'Asoph, cependant nous dimi- „ nuons dans lesdits ports d'un quart les droits „ fixés par ce tarif, afin d'y encourager le „ commerce de nos sujets & des nations, avec „ lesquelles nous stipulerons à cet égard des „ avantages réciproques, en compensation des „ prérogatives qu'elles accorderont à notre „ commerce. Excluant cependant de cette di- „ minution les marchandises, nommément spé- „ cifiées dans le présent tarif, comme devant „ payer les mêmes droits dans les ports de la „ mer noire, que dans les autres douanes de „ notre empire, aussi bien que celles pour les- „ quelles le présent tarif détermine des droits „ particuliers dans les ports de la mer noire. „ En faveur de cet avantage, le Roi trés-chrétien entend, que les denrées & marchandises russes, venant desdits ports dans celui de Marseille ou autres, soyent exemptes du droit de 20 pour cent & de 10 par livre qui font ensemble 30 pour cent, que les étrangers sont obligès de payer pour les marchandises au lévant, qu'ils y introduisent, à condition que les capitaines des bâtimens russes fourniront la preuve authentique par des certificats des consuls ou vice-consuls de France, ou à leur défaut des douaniers ou juges locaux, que ces denrées ou marchandises sont du crû de la Russie, & ont été expédiées desdits ports & non d'autres, non plus que d'aucune place de la domination de la porte ottomanne.

Il est convenu que les vaisseaux russes, expédiés des ports de la mer noire, ne pourront aborder que dans ceux de Marseille & de Toulon, les seuls où il soit permis aux vaisseaux françois de se présenter.

Quand aux droits qui se perçoivent dans les ports de la Méditerrannée sur les vaisseaux & les marchandises étrangeres, le Roi très-chrétien déclare, que les bâtimens russes, venant de la mer noire, seront traités à l'égal des François.

Article XII.

S. M. l'Impératrice de Russie, pour contribuer de son mieux à l'extension du commerce & de la navigation directs des sujets de S. M. très-chrétienne dans les états de sa nomination leur accorde encore les avantages suivans:

1°. Tous les vins de France, hors ceux de Bourgogne & de Champagne, qui seront importés en Russie par les ports de la mer Baltique & de la mer Blanche sur des navires Russes & François, & pour compte des sujets respectifs y jouiront d'une diminution de 3 roubles de droits d'entrée sur chaque Oxhofft ou barrique de 240 bouteilles, de menière qu'au lieu de 15 roubles, qu'en vertu du tarif général ces vins ont payé jufqu'ici par oxhofft, ils ne payeront à l'avenir que 12 roubles & lorfque lefdits vins entreront en Ruffie par les ports de la mer-Noire, & fous la même condition d'être propriété ruffe ou françoife & chargés fur des navires appartenans à l'une ou à l'autre nation, ils jouiront outre la diminution fufdite du bénéfice de 25 pour cent, que le tarif général accorde pour l'encouragement du commerce des ports de la mer-Noire, & par conféquent les droits d'entrée de ces vins y feront réduits à 9 roubles par Oxhofft. Il s'enfuit qu'auffitôt que les vins en queftion cefferont d'être propriété ruffe ou françoife, ou qu'ils feront importés dans les ports de Ruffie fur des navires étrangers, ils ne pourront plus participer aux avantages fufmentionnés, mais il feront ftrictement affujettis au tarif général.

2°. Les vins de Champagne & de Bourgogne jouiront d'une diminution de 10 copeks par bouteille de droit d'entrée dans les ports de la mer Baltique et de la mer Blanche, de forte que le premier de ces vins, qui d'après le tarif général a payé jufqu'ici 60 copeks par bouteille, ne payera plus que 50 copeks, et l'autre fera porté de 50 a 40 copeks par bouteille. Il fera outre cela accordé à ces vins en fus de ladite diminution le bénéfice de 25 pour cent pour les ports de la mer-Noire, moyennant lequel les droits d'entrée pour la Champagne y feront réduits à 37 et demi copeks par bouteille, ceux de Bourgogne à 30 copeks par bouteille. Dans l'un toute fois comme dans l'autre cas, cette importation ſe fera également ſur des navires ruſſes ou françois et pour compte des ſujets reſpectifs, puiſque ſi ces vins n'étaient pas de la propriété de l'une ou de l'autre nation, ou qu'ils fuſſent importés ſur des navires étrangers, ils ſeront abſolument ſoumis au tarif général.

3°. Les ſavons de Marſeille que les ſujets françois importeront dans les états de Ruſſie, jouiront pareillement d'une diminution de droits, de ſorte qu'aulieu de 6 roubles par *poud*, qu'ils ont payé juſqu'à préſent, ils ne ſeront plus ſoumis qu'à la même taxe, que payent actuellement les ſavons pareils de Veniſe et de Turquie, ſavoir, un rouble par *poud*.

En compenſation de cet avantage, S. M. le Roi très-chrétien accorde :

1°. Que les fers de Ruſſie en barres ou en aſſortiment lorſqu'ils ſeront importés ſur des vaiſſeaux françois ou ruſſes ne ſeront aſſujettis qu'aux mêmes droits que payent ou payeront les fers de la nation la plus favoriſée.

2°. Que les ſuifs en pain, 3°. les cires jaunes et blanches en balle et en grain venant de la Ruſſie jouiront d'une diminution de 20 pour cent ſur les droits d'entrée, que payent aujourd'hui en France les ſuſdites denrées par le tarif actuel.

Il eſt entendu, que cette diminution n'aura lieu que lorſque ces denrées ſeront tranſportées ſur des navires françois ou ruſſes.

Art. XIII.

ARTICLE XIII.

Le but des hautes parties contractantes en accordant les avantages ſtipulés dans les articles 10, 11 et 12 étant uniquement d'encourager le commerce et la navigation directs entre les deux monarchies, les ſujets reſpectifs ne jouiront deſdites prérogatives et exemptions, qu'à condition de prouver la propriété de leurs marchandiſes par des certificats en due forme, et les deux puiſſances contractantes s'engagent réciproquement à publier chacun de ſon côté une défenſe expreſſe à leurs ſujets d'abuſer de ces avantages, en ſe donnant pour proprietaires des navires ou des marchandiſes qui ne leur appartiendroient pas, ſous peine à celui ou à ceux, qui auroient ainſi fraudé les droits en prêtant leur nom à quelqu'autre négociant étranger, d'être traité ſelon la rigueur des loix et réglemens émanés à cet égard dans les états reſpectifs.

ARTICLE XIV.

Pour conſtater la propriété françoiſe des marchandiſes importées en Ruſſie, on devra produire des certificats en due forme des conſuls généraux, conſuls ou vice-conſuls de Ruſſie réſidans en France; mais ſi le navire a fait voile d'un port, où il n'y ait pas de conſul-général, conſul ou vice-conſul de Ruſſie, on ſe contentera de pareils certificats, ſoit du magiſtrat du lieu, ſoit de la douane ou de telle autre perſonne, prépoſée à cet effet. Les conſuls-généraux, conſuls ou vice-conſuls de Ruſſie en France, ne pourront rien exiger au-delà de la valeur d'un rouble réduit en monnoye de France pour l'expédition d'un tel certificat ou autre document de cette eſpèce. Pour conſtater pareillement la propriété Ruſſe des marchandiſes importées en France, on devra produire des certificats des conſuls généraux, conſuls ou vice-conſuls de France, réſidans en Ruſſie, également rédigés en due forme; mais ſi le navire a fait voile d'un port où il n'y a pas de conſul général, conſul ou vice-conſul de France; on ſe contentera d'un tel certificat de la douane ou du magiſtrat du lieu, d'où le navire aura été expédié. Leſdits conſuls généraux, conſuls ou vice-conſuls ne pourront rien exiger au-delà d'un rouble, pour l'expétion, ſoit d'un tel certificat, ſoit d'un acquis à caution, ou autre document néceſſaire.

Article XV.

Les hautes parties contractantes conviennent que leurs conſuls généraux, conſuls ou vice-conſuls, négocians & marchands, qui ne ſeront point naturaliſés, jouiront réciproquement dans les deux états de toutes les exemptions d'impôts & charges perſonnelles, dont jouiſſent dans les mêmes états les conſuls généraux, conſuls ou vice-conſuls, négociants & marchands de la nation la plus favoriſée.

Les ſujets reſpectifs qui obtiendront des lettres de neutralité, ou le droit de bourgeoisie, soit en Russie, soit en France, seront tenus à supporter les mêmes charges & taxes imposées sur les sujets nés de l'état, attendu qu'ils jouiront aussi d'une parfaite égalité d'avantages avec ceux-ci.

ARTICLE XVI.

Les nations qui sont liées avec la France par des traités de commerce, étant affranchies du droit d'Aubaine dans les états de S. M. très-chrétienne, elle consent, que les sujets russes ne soient pas réputés aubaines en France, & conséquemment ils seront exempts du droit d'aubaine, ou autre droit semblable, sous telle dénomination qu'il puisse être; ils pourront librement disposer, par testament, donation, ou autrement, de leurs biens, meubles & immeubles, en faveur de telles personnes que bon leur semblera, & lesdits biens délaissés par la mort d'un sujet Russe seront dévolus sans le moindre obstacle à ses héritiers légitimes, par testament, ou *ab intestat*, soit qu'ils résident en France ou ailleurs, sans qu'ils aient besoin d'obtenir des lettres de naturalité, & sans que l'effet de cette concession puisse leur être contesté ou empêché sous quelque prétexte que ce soit. Ils seront également exempts du droit de détraction, ou autre de ce genre, aussi long-tems qu'il n'en sera point établi des pareils dans les états de S. M. l'Imp. de toutes les Russies. Les susdits héritiers présens, ainsi

G 2

que les exécuteurs teſtamentaires pourront ſe mettre en poſſeſſion de l'héritage dès qu'ils auront légalement ſatisfait aux formalités preſcrites par les loix de S. M. très-chrétienne, & ils diſpoſeront ſelon leur bon plaiſir de l'héritage qui leur ſera échu après avoir quitté les autres droits établis par les loix, & non déſignés dans le préſent article.

Mais, ſi les héritiers étoient abſens ou mineurs, & par conſéquent hors d'état de faire valoir leurs droits, dans ce cas l'inventaire de toute la ſucceſſion devra être fait ſous l'autorité des juges du lieu par un notaire public, accompagné du conſul ou vice-conſul de Ruſſie, s'il y en a un dans l'endroit, & ſous l'inſpection du procureur du Roi, ou du procureur fiſcal. Et s'il n'y avoit pas de conſul ou vice-conſul dans l'endroit, on appellera comme témoins deux perſonnes déſignées par le procureur du Roi, ou procureur-fiſcal, afin que leſdits biens ſoient gardés pour les légitimes héritiers, ou véritables propriétaires. En cas qu'il y ait des mineurs & qu'il ne ſe préſentât en France aucun parent, qui pût remplir, par proviſion, la tutele ou curatele, elle ſera confiée au conſul, ou vice-conſul de Ruſſie, ou à ſon défaut à une perſonne déſignée par le procureur du Roi, ou le procureur-fiſcal, juſqu'à ce que les parens du défunt aient nommé un tuteur ou curateur; dans le cas où il s'éleveroit des conteſtations ſur l'héritage d'un Ruſſe, mort en France, les tribunaux du lieu où les biens du défunt se trouveront, devront juger le procès suivant les loix de la France.

Quoique les Russes doivent jouir en France de tous les droits attachés à la propriété, de même que les Français, & l'acquérir par les mêmes voyes légitimes, sans avoir besoin de lettres de neutralité pendant le tems de leur séjour dans le royaume; ils ne pourront néanmoins, conformément aux loix établies pour les étrangers, posséder aucun office, dignités, bénéfices, ni remplir aucune fonction publique, à moins d'avoir obtenu des lettres patentes à ce nécessaires, duement enrégistrées dans les cours souveraines du royaume.

Bien que le droit d'aubaine n'existe pas en Russie, S. M. l'Imp. de toutes les Russies, afin de prévenir tout doute quelconque à cet égard, s'engage à faire jouir dans toute l'étendue de son empire les sujets du Roi très-chrétien, d'une entière & parfaite réciprocité, relativement aux stipulations renfermées dans le présent article.

Article XVII.

Pour prévenir les fraudes des droits de douane, soit par la contrebande, soit de quelqu'autre manière, les hautes parties contractantes conviennent réciproquement, que pour tout ce qui regarde la visite des navires marchands, les déclarations des marchandises, le tems de les présenter, la manière de les vérifier, & en général pour tout ce qui concerne les précautions à prendre contre la contrebande, & les peines à infliger aux contrebandiers ; l'on observera dans chaque pays les loix, réglemens & coûtumes qui y sont établis, ou qu'on y établira a l'avenir. Dans tous les cas susmentionnés, les deux puissances contractantes s'engagent réciproquement à ne pas traiter les sujets respectifs avec plus de rigueur que ne le font leurs propres sujets, lorsqu'ils tombent dans les mêmes contreventions.

ARTICLE XVIII.

Lorsque les navires russes ou françois seront obligés soit par tempêtes, soit pour se soustraire à la poursuite des ennemis, ou de quelque pirate, ou enfin pour quelqu'autre accident, de se refugier dans les ports des états respectifs, ils pourront s'y radouber, se pourvoir de toutes les choses nécessaires & se mettre en mer librement, sans subir la moindre visite, ni payer aucuns droits de douane, ni d'entrée excepté seulement le droit de fanaux & de ports, pourvu que pendant le séjour dans ces ports, on ne tire aucune marchandise desdits navires, encore plus qu'on n'expose quoique ce soit en vente ; mais si le maître ou patron d'un tel navire jugeoit à propos de vendre quelque marchandise il sera tenu à se conformer aux loix, ordonnances & tarifs de l'endroit, où il aura abordé.

ARTICLE XIX.

Les vaisseaux de guerre des deux puissances contractantes trouveront également dans les états respectifs les rades, rivières, ports & havres ouverts, pour entrer, ou sortir, demeurer à l'ancre tant qu'il leur sera nécessaire sans subir aucune visite en se conformant aux loix générales de police & à celles des bureaux de santé, établis dans les états respectifs. Dans les ports fortifiés des villes, où il ya garnison, il ne pourra pas entrer plus de cinq vaisseaux de guerre à la fois, à moins qu'on n'en ait obtenu la permission pour un plus grand nombre. On facilitera auxdits vaisseaux de guerre les moyens de se ravitailler & radoubler dans les ports respectifs en leur fournissant les vivres & rafraichissemens au prix courant francs & libres de droits de douane, ainsi que les agréts, bois, cordages & apparaux, qui leur seront nécessaires au prix courant des arsénaux des états respectifs autant que le besoin pressant de l'état n'y mettra pas un obstacle légitime.

ARTICLE XX.

Les hautes parties contractantes pour éviter toutes les difficultés, auxquelles les différens pavillons & les différens grades des officiers donnent lieu lorsqu'il est question des saluts en mer ou à l'entrée des ports, sont convenus de déclarer que les saluts n'auront plus lieu ni en mer ni à l'entrée des ports entre les vaiſſeaux des deux nations de quelqu'eſpece qu'ils ſoient, & qnelque ſoit le grade des officiers qui les commanderont.

Article XXI.

Aucun vaiſſeau de guerre d'une des puiſſances contractantes, ni perſonne de ſon équipage ne pourra être arrêté dans les ports de l'autre puiſſance. Les commandans deſdits vaiſſeaux devront s'abſtenir ſcrupuleuſement de donner aucun azyle ſur leurs bords aux déſerteurs, contrebandiers, fugitifs quels qu'ils ſoient, criminels ou malfaiteurs, & ne devront faire aucune difficulté de les livrer à la réquiſition du gouvernement.

Article XXII.

Aucun bâtimeut marchand des ſujets reſpectifs, ni perſonne de ſon équipage ne pourra être arrêtré, ni les marchandiſes ſaiſies dans les ports de l'autre puiſſance, excepté le cas de ſaiſie ou d'arrêt de juſtice, ſoit pour dettes perſonnelles contractées dans le pays même par les propriétaires du navire ou de ſa cargaiſon, ſoit pour avoir reçu à bord des marchandiſes déclarées contrebande par le tarif de douane, ſoit pour y avoir recelé des effets qui y auraient été cachés par des banqueroutiers ou autres débiteurs au préjudice de leurs créanciers légitimes, ſoit pour avoir voulu favoriſer la fuite ou l'évaſion de quelque déſerteur de troupes de terre ou de mer, de contrebandiers ou de quelqu'autre individu que ce ſoit qui ne ſeront pas muni d'un paſſeport légal: des fugitifs devant être remis au gouvernement auſſi bien que les criminels, qui auroient pu ſe réfugier ſur un tel navire; mais le gouvernement dans les états reſpectifs, apportera une attention particulière à ce que leſdits navires ne ſoient pas retenus plus long-tems qu'il ne ſera abſolument néceſſaire. Dans tous les cas ſuſmentionnés, chacun ſera ſoumis aux peines établies par les loix du pays où le navire & l'équipage auront abordé, & l'on y procédera ſelon les formes judiciaires de l'endroit où le délit aura été commis.

Article XXIII.

Si un matelot déſerte de ſon vaiſſeau, il ſera livré à la réquiſition du maître ou patron de l'équipage, auquel il appartiendra, & en cas de rebellion, le propriétaire du navire ou le patron de l'équipage pourra requerir main forte pour ranger les révoltés à leur devoir, ce que le gouvernement dans les états-reſpectifs devra s'empreſſer de lui accorder, ainſi que tous les ſecours dont il pourroit avoir beſoin pour continuer ſon voyage ſans riſque & ſans retard.

Article XXIV.

Les navires de l'une des hautes parties contractantes ne pourront ſous aucun prétexte être contraints en tems de guerre de ſervir dans les flottes ou eſcadres de l'autre, ni ſe charger d'aucun tranſport.

ARTICLE XXV.

Les vaiſſeaux ruſſes ou françois, ainſi que leur équipage, tant matelots que paſſagers, ſoit nationaux, ſoit même ſujets d'une puiſſance étrangère, recevront dans les états-reſpectifs toute l'aſſiſtance & protection, qu'on doit attendre d'une puiſſance amie, & aucun individu appartenant à l'équipage deſdits navires, non plus que les paſſagers ne pourra être forcé d'entrer malgré lui au ſervice de l'autre puiſſance. Ne pourront cependant reſter à l'abri de cette dernière franchiſe, les ſujets de chacune des deux puiſſances contractantes, qui ſe trouveront à bord appartenant à l'autre, leſquels ſujets elles ſeront toujours libres de réclamer.

ARTICLE XXVI.

Lorſqu'une des hautes parties contractantes ſera en guerre contre d'autres états, les ſujets de l'autre puiſſance contractante n'en continueront pas moins leur navigation & leur commerce avec ces mêmes états, pourvu qu'ils s'aſtreignent à ne point leur fournir les effets réputés contrebande, comme il ſera ſpécifié ci-après.

S. M. très-chrétienne ſaiſit avec plaiſir cette occaſion de faire connoître la parfaite conformité de ses principes, sur les cas dont il s'agit, avec ceux que S. M. l'Impératrice de toutes les Russies a manifestés pour la sûreté & l'avantage du commerce des nations neutres comme dans sa déclaration du 28 Février 1780.

ARTICLE XXVII.

Les hautes parties contractantes s'engagent en conséquence, lorsqu'elles seront en guerre avec quelque puissance que ce soit, à observer scrupuleusement les principes fondamentaux des droits du commerce & de la navigation marchande des peuples neutres, & nommément les quatre axiomes suivans

1°. Que les vaisseaux neutres pourront naviguer librement de port en port & sur les côtes des nations en guerre.

2°. Qne les effets appartenans aux sujets des puissances en guerre seront libres sur les vaisseaux neutres, à l'exception de la contrebande de guerre, comme il sera détaillé après.

3°. Que pour déterminer ce qui caractérise un port bloqué, on n'accordeta cette dénomination qu'à celui, qui sera attaqué par un nombre de vaisseaux proportionné à la force de la place & qui en seront suffisamment proches pour qu'il y ait un danger évident d'entrer dans ledit port.

4°. Que les vaisseaux neutres ne pourront être arrêtés que sur de justes causes & des faits évidens ; que la procédure sera uniforme, prompte & légale, & qu'outre les dédommagemens, qu'on accordera toujours à ceux qui en auront souffert, sans avoir été en faute, il sera donné une satisfaction complete pour l'insulte faite au pavillon.

Article XXVIII.

En conséquence de ces principes les hautes parties contractantes s'engagent réciproquement, en cas que l'une d'entr'elles fût en guerre contre quelque puissance que ce soit, de n'attaquer jamais les vaisseaux de ses ennemis que hors de la portée du canon des côtés de son allié. Elles s'obligent mutuellement d'observer la plus parfaite neutralité dans les ports, havres, golphes & autres eaux comprises sous le nom d'eaux closes, qui leur appartiennent respectivement.

Article XXIX.

On comprendra sous le nom de marchandises de contrebande de guerre ou défendues, les armes à feu, canons, arquebuses, fusils, mortiers, petards, bombes, grenades, saucisses, cercles poissés, affuts, fourchettes, bandoulières, poudre à canon, mèches, salpêtre, balles, piques, épées, morions, casques, cuirasses, hallebardes, javelines, fourreaux de pistolets, baudriers, selles & brides & tous autres semblables genres d'armes & d'instrumens de guerre servant à l'usage des troupes. On en excepte cependant la quantité qui peut être néceſſaire pour la défenſe du navrie & de ceux qui en compoſent l'équipage.

Mais tous les effets & marchandiſes, qui ne ſont pas nommément ſpécifiés dans le préſent article, paſſeront librement ſans être aſſujetties à la moindre difficulté, & ne pourront jamais être réputées munitions de guerre ou navales, ni ſujettes par conſéquent à être confiſquées.

Article XXX.

Quoique par l'article 29, la contrebande de guerre ſoit ſi clairement exprimée, que tout ce qui n'y eſt pas nommément ſpécifié, doit être entiérement libre & à l'abri de toute ſaiſie, cependant les hautes parties contractantes voulant ne laiſſer aucun doute ſur de telles matières, jugent à propos de ſtipuler, qu'en cas de guerre de l'une d'entr'elles contre quelqu'autre état que ce ſoit, les ſujets de l'autre puiſſance contractante qui ſera reſtée neutre dans cette guerre, pourront librement acheter ou faire conſtruire pour leur propre compte & en quelque tems que ce ſoit, autant de navires qu'ils voudront, chez la puiſſance en guerre avec l'autre partie contractante, ſans être aſſujettis à aucune difficulté de la part de celle-ci, à condition, que leſdits navires ſoient munis de tous les documens néceſſaires pour conſtater la propriété légale de ſujets de la puiſſance neutre.

Article XXXI

Lorſqu'une des deux puiſſances contractantes ſera engagée dans une guerre contre quelqu'autre état, ſes vaiſſeaux de guerre ou armateurs particuliers auront le droit de faire la viſite des navires marchands appartenans aux ſujets de l'autre puiſſance contractante, qu'ils rencontreront navigans ſans eſcorte ſur les côtes ou en pleine mer, mais en même-tems qu'il eſt expreſſément défendu à ces derniers de jetter aucun papier en mer dans un tel cas, il n'eſt pas moins ſtrictement ordonné auxdits vaiſſeaux de guerre ou armateurs de ne jamais approcher deſdits navirs marchands qu'à la diſtance au plus de la demi portée du canon, & afin de prévenir tout déſordre & violence, les hautes parties contractantes conviennent que les premiers ne pourront jamais euvoyer au-delà de deux ou trois hommes dans leurs chalouppes à bord des derniers pour faire examiner les paſſeports & lettres de mer, qui conſtateront la propriété & les chargemens deſdits navires marchands : & pour mieux prévenir tous accidens, les hautes parties contractantes ſont convenues de ſe communiquer réciproquement la forme des documens & lettres de mer, & d'enjoindre les modèles aux ratifications. Mais en cas que ces navires marchands fuſſent eſcortés par un ou pluſieurs vaiſſeaux de guerre, la ſimple déclaration de l'officier commandant de l'eſcorte que leſdits navires n'ont à bord aucune contrebande de guerre, devra ſuffire pour qu'aucune viſite n'ait lieu.

Article XXXII.

Dès qu'il aura apparu par l'inſpection des documens des navires marchands rencontrés en mer, ou par l'aſſurance verbale de l'officier commandant leur eſcorte, qu'ils ne ſont point chargés de contrebande de guerre, ils pourront auſſi-tôt continuer librement leur route.

Mais ſi malgré cela leſdits navires matchands étoient moleſtés ou endommagés de quelque maniere qne ce ſoit par les vaiſſeaux de guerre ou armateurs de la puiſſance belligérante, les commandans de ces derniers répondront en leurs perſonnes & leurs biens de toutes les pertes & dommages, qu'ils auront occaſionnés & il ſera de plus accordé une réparation ſatisfaiſante pour l'inſulte faite au pavillon.

Article XXXIII.

En cas qu'un tel navire marchand ainſi viſité en mer eut à bord de la contrebande de guerre, il ne ſera point permis de briſer les écoutilles ni d'ouvrir aucune caiſſe, coffre, malle, ballots ou tonneaux, ni déranger quoique ce ſoit dudit navire. Le patron dudit bâtiment pourra même s'il le juge à propos, livrer ſur-le-champ la contrebanpe de guerre à ſon capteur, lequel devra ſe contenter de cet abandon volontaire, ſans retenir, moleſter ni inquiéter en aucune maniere le navire ni l'équipage, qui pourra dès ce moment même poursuivre sa route en toute liberté, Mais s'il refuse de livrer la contrebande de guerre, dont il serait chargé, le capteur aura seulement le droit de l'emmener dans un port où l'on instruira son procès devant les juges de l'amirauté selon les loix & formes judiciaires de cet endroit, & après qu'on aura rendu là-dessus une sentence définitive, les seules marchandises reconnues pour contrebande de guerre seront confisquées & tous les autres effets non-désignés dans l'article 29 seront fidelement rendus; il ne sera pas permis d'en retenir quoique ce soit sous prétexte de frais d'amandes.

Le patron d'un tel navire ou son représentant ne sera point obligé d'attendre màlgré lui la fin de la procédure, mais il pourra se mettre en mer librement avec son vaisseau, tout son équipage & le reste de sa cargaison, aussitôt qu'il aura livré volontairement la contrebande de guerre qu'il avoit à bord.

Article XXXIV.

En cas de guerre de l'une des hautes parties contractantes contre quelque autre état, les sujets de ses ennemis, qui se trouveront au service de la puissance contractante, qui sera restée neutre dans cette guerre ou ceux d'entr'eux, qui seront naturalisés ou auront acquis le droit de bourgeoisie dans les états même pendant la guerre, seront envisagés par l'autre partie belligérante & traités ſur le même pied, que les ſujets nés de la puiſſance neutre ſans la moindre différence entre les uns & les autres.

ARTICLE XXXV.

Si les navires des ſujets des hautes parties contractantes échuoient ou faiſoient naufrage ſur les côtes des états reſpectifs, on s'empreſſera de leur donner tous les ſecours & aſſiſtance poſſibles, tant à l'égard des navires & effets, qu'envers les perſonnes qui compoſeront l'équipage. A cet effet on aviſera le plus promptement qu'il ſera poſſible le conſul ou vice-conſul de la nation du navire naufraagé, & on lui remettra à lui ou à ſon agent la direction du ſauvetage, & où il ne ſe trouveroit ni conſuls ni vice-conſuls, les officiers prépoſés de l'endroit veilleront audit ſauvetage & y procéderont en tout point de la maniere uſitée à l'égard des ſujets mêmes du pays, en n'exigeant rien au-de-là des fraix & droits auxquels ceux-ci ſont aſſujettis en pareil cas ſur leur propre côte, & on procédera de part & d'autre avec le plus grand ſoin, pour que chaque effet ſauvé d'un tel navire naufragé ou échoué ſoit, fidelemeut rendu au légitime propriétaire.

ARTICLE XXXVI.

Les procès & autres affaires civiles concernrnt les ſujets commerçans reſpectifs, ſeront réglés & jugés par les tribunaux dn pays auxquels reſſortiſſent les affaires de commerce des nations avec leſquelles les haures parties contractantes ont des traités de commetce, les tribunaux leur rendront la plus prompte & la plus exacte juſtice, conformément aux loix & formes judiciaires preſcrites aux ſuſdits tribuneux. Les ſujets reſpectifs pourront confier le ſoin de leurs cauſes à tels avocats procureurs ou notaires que bon leur ſemblera, pourvu qu'ils ſoient avoués par le gouvernement.

ARTICLE XXXVII.

Lorſque les marchands ruſſes & françois feront enrégiſtrer aux douanes reſpectives leurs contrats ou marchés pour vente ou achat de marchandiſes par leurs commis, expéditeurs ou autres gens employés par eux, les douanes où ces contrats s'enrégiſtreront devront ſoigneuſement examiner ſi ceux qui contractent pour le compte de leurs commettans ſont munis par ceux-ci d'ordres ou pleint-pouvoirs en bonne forme, auquel cas leſdits commettans feront reſponſables, comme s'ils avoient contracté aux mêmes en perſonne. Mais ſi leſdits commis, expéditeurs ou aurres gens employés par les ſuſdits marchands ne ſont pas munis d'ordres, ou plein-pouvoirs ſuffiſans, ils ne devront pas en être crus ſur leur parole, & quoique les douanes ſoient dans l'obligation d'y veiller, les contractans ne ſeront pas moins tenus de prendre garde eux-mêmes que les accords ou contrats, qu'ils feront ensemble, n'outrepassent pas les termes des procurations ou plein-pouvoirs confiés par les propriétaires des marchandises, ces derniers n'étant tenus a répondre que de l'objet & de la valeur énoncés dans leurs pleins-pouvoirs.

ARTICLE XXXVIII.

Les hautes parties contractantes s'engagent réciproquement à accorder toute l'assistance possible aux sujets respectifs contre ceux qui n'auront pas rempli les engagemens d'un contrat fait & enrégistré selon les loix & formes prescrites, & le gouvernement de part & d'autre employera, en cas de besoin, l'autorité nécessaire pour obliger les parties à comparoître en justice dans les endroits où lesdits contrats auront été conclus & enregistrés & pour procurer l'exacte & entière exécution de tout ce qu'on y aura stipulé.

ARTICLE XXXIX.

On prendra réciproquement toutes les précautions nécessaires pour que le brac soit confié à des gens connus par leur intelligence & probité, afin de mettre les sujets respectifs à l'abri du mauvais choix des marchandises & des emballages frauduleux, & chaque fois qu'il y aura des preuves suffisantes de mauvaise foi, contraventions ou négligence de la part des bracqueurs ou gens préposés à cet effet, ils en répondront en leurs personnes, & leurs biens, & seront obligés de bonifier les pertes qu'ils auront causées.

Article XL.

Les marchands français établis ou qui s'établiront en Russie peuvent & pourront acquitter les marchandises qu'ils y achetent en la même monnoye courante de Russie, qu'ils reçoivent pour leurs marchandises vendues, a moins que dans les contrats ou accords faits entre le vendeur & l'acheteur, il n'ait été stipulé le contraire. Ceci doit s'entendre réciproquement de même pour les marhands Russes établis ou qui s'établiront en France.

Article XLI.

Les sujets respectifs auront pleine liberté de tenir dans les endroits, où ils seront domiciliés leurs livres de commerce en telle langue, qu'ils voudront sans que l'on puisse rien leur prescrire à cet égard, & l'on ne pourra jamais exiger d'eux de produire leurs livres de compte ou de commerce excepté pour leur justification en cas de banqueroute ou de procès. Mais dans ce dernier cas ils ne seront obligés de présenter, que les articles nécessaires à l'eclaircissement de l'affaire, dont il sera question.

Article XLII.

S'il arrivoit qu'un sujet Russe établi en France ou un sujet François établi en Russie fît banqueroute, l'autorité des magistrats & des tribunaux du lieu sera requise par les créanciers pour nommer les curateurs de la masse, aux quels seront confiés tous les effets, livres & papiers de celui, qui aura fait banqueroute. Les consuls ou vice-consuls respectifs pourront intervenir dans les affaires pour les créanciers & débiteurs de leur nation absens, en attendant que ceux-ci ayent envoyé leurs procurations, & il leur sera donné copie des actes, qui pourront intéresser les sujets de leur souverain, afin qu'ils soient en état de leur en faire parvenir la connoissance.

Lesdits créanciers pourront aussi former des assemblées pour prendre entr'eux les arrangemens qui leur conviendront, concernant la distribution de ladite masse. Dans ces assemblées le suffrage de ceux des créanciers, qui auront à prétendre aux deux tiers de la masse, sera toujours prépondérant, & les autres créanciers seront obligés de s'y soumettre.

Mais quant aux sujets respectifs, qui auront été naturilisés, ou auront acquis les droits de bourgeoisie dans les états de l'autre puissance contractante, ils seront soumis en cas de banqueroute, comme dans toutes les autres affaires, aux loix, ordonnances & statuts du pays où ils seront naturalisés.

ARTICLE XLIII.

Les marchands françois établis, ou qui s'établiront en Ruſſie pourront bâtir, acheter, vendre & louer des maiſons dans toutes les villes de l'empire, qui n'ont pas de privilèges municipaux ou droits de bourgeoiſie contraires à ces acquiſitions. Toutes maiſons poſſédées & habitées par les marchands françois à St. Pétersbourg, Moſcou, Archangel, Cherſon, Sebaſtopol, & Théodoſie ſeront exemptes de tout logement auſſi long-tems qu'elles leur appartiendront & qu'ils y logeront eux-mêmes; mais quant à celles qu'ils donneront ou prendront à loyer, elles ſeront aſſujetties aux charges & logemens preſcrits pour ces endroits. Les marchands françois pourront auſſi s'établir dans les autres villes de l'empire de Ruſſie, mais les maiſons qu'ils y bâtiront ou acheteront, ne jouiront pas des exemptions accordées ſeulement dans les ſix villes denommées ci-deſſus. Cependant, ſi S. M. l'Imp. de toutes les Ruſſies jugeoit à propos de faire par la ſuite une ordonnance générale pour acquiter en argent la fourniture des quartiers, les marchands françois y ſeront aſſujettis comme les autres.

S. M. très-chrétienne s'engage réciproquement à accorder aux marchands Ruſſes établis ou qui s'établiront en France, la même permiſſion & les mêmes exemptions, qui ſont ſtipulées par le préſent article, en faveur des François en Ruſſie, & aux mêmes conditions exprimées ci-dessus, en désignant les villes de Paris, Rouen, Bourdeaux, Marseilles, Cette & Toulon, pour y faire jouir les marchands russes des mêmes prérogatives accordées aux Français dans celle de St. Pétersbourg, Moscou, Archangel, Cherson, Sebastopol & Téodosie.

Article XLIV.

Lorsque les sujets de l'une des puissances contractantes voudront se retirer des états de l'autre puissance contractante, ils pourrout le faire librement, quand bon leur semblera, sans éprouver le moindre obstacle de la part du gouvernement, qui leur accordera avec les précautions prescrites, les passeports en usage pour quitter le pays & emporter librement les biens qu'ils auront apportés ou acquis après s'être assurés qu'ils auront satisfait à toutes leurs dettes, ainsi qu'aux droits fixés par les loix, statuts & ordonnances du pays, qu'ils voudront quitter.

Article XLV.

Afin de promouvoir d'autant mieux le commerce des deux nations, il est convenu que dans le cas où la guerre surviendroit entre les hautes parties contractantes (ce qui à Dieu ne plaise) il sera accordé de part & d'autre, au moins l'espace d'une année après, la déclaration de la guerre, aux sujets commerçans respectifs, pour rassembler, transporter ou vendre leurs effets ou marchandiſes, pour ſe rendre dans cette vue par tout où ils jugeront à propos, & s'il leur étoit enlevé ou confiſqué quelque choſe ſous prétexte de la guerre contre leur ſouverain, ou s'il leur étoit fait quelqu'injure durant la ſuſdite année dans les états de la puiſſance ennemie, il ſera donné à cet égard une pleine & entière ſatisfaction. Ceci doit s'entendre pareillement de ceux des ſujets reſpectifs, qui ſeroient au ſervice de la puiſſance ennemie; il ſera libre aux uns & aux autres de ſe retirer dès qu'ils auront acquitté leurs dettes, & ils pourront avant leur départ diſpoſer ſelon leur bon plaiſir & convenance de ceux de leurs effets dont ils n'auroient pu ſe défaire, ainſi que des dettes qu'ils auroient à prétendre, leurs débiteurs étant tenus de les aquitter comme s'il n'y avoit pas eu de rupture.

ARTICLE XLVI.

Le préſent traité d'amitié & de commerce durera douze années, & toutes les ſtipulations en ſeront religieuſement obſervées de part & d'autre durant cet eſpace de tems. Mais comme les hautes parties contractantes ont également à cœur de perpétuer les liaiſons d'amitié & de commerce, qu'elles viennent de contracter tant entre elles, qu'entre leurs ſujets reſpectifs, elles ſe réſervent de convenir de ſa prolongation ou d'en contracter un nouveau avant l'expiration de ce terme.

ARTICLE XLVII.

S. M. l'Impératrice de toutes les Russies, & S. M. très-chrétienne s'engagent à ratifier le présent traité, & les ratifications en bonne & due forme, en seront échangées dans l'espace de trois mois à compter du jour de la date de sa signature ou plutôt si faire se peut.

En foi de quoi nous soussignés en vertu de nos pleins-pouvoirs avons signé ledit traité & y avons apposé le cachet de nos armes. Fait à St. Pétersbourg.

31 *Décembre* 1786.
11 *Janvier* 1787.

(L. S.) comte JEAN D'OSTERMANN.
LOUIS-PHILIPPE comte DE SEGUR (L. S.)
(L. S.) comte ALEXANDRE DE WORONUZOW.
(L. S.) ALEXANDRE comte DE BEZBORODKO.
(L. S.) ARCADI DE MARCOFF.

Après avoir suffisamment examiné ce traité d'amitié, de commerce & de navigation, nous l'avons agrée, confirmé & ratifié, ainsi que nous l'agréons, confirmons & ratifions par les présentes dans toute sa teneur, promettant sur notre parole & foi impériale pour nous & nos héritiers de remplir inviolablement tout ce qui a été stipulé par le susdit traité, & de ne rien entreprendre qui y soit contraire.

En foi de quoi nous avons signé cette notre

ratification impériale de notre propre main & y avons fait appofer le fceau de l'empire. Donné à Kiew le 30 Avril l'an de grace 1787, & de notre regne la 25eme. année.

CATHERINE.

Comte Jean d'Oftermann.

TRAITÉ

D'amitié, de navigation & de commerce, entre S. M. Impériale Catherine II, &c. & S. M. le Roi des Deux Siciles. 6, 17 Janvier 1787.

ARTICLE I.

Il subsistera entre S. M. Imp. de toutes les Russies d'un côté, & S. M. des Deux Siciles de l'autre, de même qu'entre leurs états & sujets respectifs une vraie, sincère & inviolable amitié, une paix solide, & une bonne & parfaite intelligence, en vertu desquelles les deux puissances contractantes elles-mêmes, ainsi que leurs sujets sans exception, se traiteront dans toutes les occasions, tant par mer que par terre, & sur les eaux douces en bons amis, en se prêtant mutuellement tout aide & assistance possibles, sur-tout en ce qui concerne le commerce & la navigation.

ARTICLE II.

Il sera accordé aux sujets des deux nations amies une parfaite liberté de conscience dans les états respectifs, de sorte qu'ils pourront exercer librement le culte de leur religion, on dans leurs propres maiſons, ou dans les endroits qu'il plaira à L. M. de leur déſigner à cette fin ſans y être jamais troublés ni inquiétés d'aucune façon.

ARTICLE III.

Les ſujets reſpectifs jouiront dans les états des puiſſances contractantes de toutes les facilités, aſſiſtance & protection néceſſaires au progrès du commerce réciproque, & ſur le pied des nations favoriſées, bien entendu, que dans tous les cas, où le préſent traité n'aura pas ſtipulé quelque exemption ou prérogative en faveur des ſujets de l'une ou de l'autre puiſſance contractante, ils devront reſpectivement ſe ſoumettre pour leur commerce & trafic aux tarifs, ordonnance & loix du pays où ils ſeront domiciliés.

ARTICLE IV.

En conſéquence de quoi les ſujets des deux puiſſances contractantes pourront librement acheter, vendre, naviguer & tranſporter leurs marchandiſes dans tous les ports, villes & rades des pays reſpectifs, dont l'entrée & la ſor-ſortie ne ſont pas défendues, en payant les douanes & autres droits, uſités dans chaque endroit, & en ſe conformant aux réglemens & coûtumes, & établis pour tout ce qui concerne le tranſport des marchandiſes, ſoit par eau, ſoit par terre,

ARTICLE V.

Les ſujets commerçans des deux hautes parties contractantes payeront pour leurs marchandiſes les douanes & droits fixés dans les états reſpectifs par les tarifs, qui exiſtent ou qui exiſteront à l'avenir. Et S. M. Imp. de toutes les Ruſſies croit donner à S. M. Sicilienne une preuve bien convaincante de la faveur prépondérante, dont elle entend faire jouir dorénavant dans ſes états le commerce des ſujets Napolitains, en accordant à ceux-ci :

1. Le droit d'y pouvoir acquitter la douane en monnaye courante du pays, en évaluant le rixdahler à 125 copeks, ſans être aſſujettis à la payer comme ci-devant en rixdalers effectifs, excepté cependant la ville & le port de Riga, où, d'après les ordonnances les ſujets ruſſes mêmes acquittent ces droits en rixdahlers.

2 Une diminuiion des droits d'entrée ſur les vins du crû des deux Siciles, que les ſujets de S. M. ſicilienne importeront ſur leurs pro-propres vaiſſeaux, ou ſur des vaiſſeaux ruſſes dans les ports de l'empire de Ruſſie ; de ſorte que ces vins ne payeront à l'avenir que 4 roubles 50 copeks par oxofft à 6 ancres : mais pour pouvoir jouir de cette diminution ils produiront chaque fois des atteſtats des conſuls ruſſes, ou à leur défaut du magiſtrat de l'endroit ou des douanes, d'où ces vins auront été expédiés, & par leſquels il ſera conſtaté qu'ils ſont véritablement du crû des deux Siciles, & de la propriété de ſujets napolitains.

La même diminution fera auffi accordée aux fujets ruffes, qui tranfporteront les vins des deux Siciles fur leurs propres vaiffeaux, ou fur des vaiffeaux napolitains des états de S. M. ficilienne dans ceux de l'empire de Ruffie, & ils ne payeront point en tranfportant ces vins des droits de fortie plus forts, que les propres fujets napolitains,

ARTICLE VI.

En compenfation de ces deux conceffions importantes S. M. Sicilienne confent :

1°. Que les cuirs de Ruffie, connus fous le nom de Youchts, le fuif en chandelles ou en barriques, les cordages, les pelleteries & le Caviar du crû & des fabriques Ruffes, qui feront importés par les vaiffeaux refpectifs des deux nations, jouiffent dans tous les états de fa domination d'une diminution de fix pour cent des droits d'entrée, qui s'y payent en vertu des tarifs établis ou à établir; à condition, qu'ils feront également obligés à prouver par des atteftats en due forme, que ce font véritablement des productions & marchandifes Ruffes.

2°. Que le fer en barres ou en affortiment, toutes fortes de toile de lin & de chanvre, importés fur des vaiffeaux Ruffes ou Napolitains ne payeront pas plus de droits d'entrée ou de douane dans les états de S. M. Sicilienne que n'y payent ou payeront à l'avenir les nations favorifées.

ARTICLE VII.

Par l'article 6 de l'édit qui est à la tête du tarif général de Russie, l'impératrice accorde une diminution d'un quart des droits fixés par le susdit tarif en faveur des marchandises importées ou exportées pour les ports de l'empire, situés sur la mer Noire, tant par ses propres sujets, que par ceux des nations, avec lesquelles on stipulera quelque compensation à cet égard. Elle consent en conséquence, que les sujets napolitains participent à l'entière teneur de l'article 6 de l'édit susmentionné, & qu'ils jouissent de la prérogative, qui y est accordée nommément dans le port de Cherson, ê l'embouchure du Dnieper & dans ceux de Sebastopol & Théodosie en Tauride.

En réciprocité de cet avantage, S. M. Sicilienne accorde pareillement la diminution du quart des droits fixés par les tarifs & réglemens de douane sur toutes les marchandises, que les sujets russes importeront directement des ports de leurs pays, situés sur la mer Noire dans les états des deux Siciles, aussi bien que sur toutes celles, qu'ils exporteront des états de S. M. Sicilienne directement pour les ports susmentionnés de la Russie. Mais les sujets russes ne jouiront de ce double avantage dans les états de S. M. Sicilienne, qu'aussi long-tems que les ports de Russie sur la mer Noire conserveront la susdite prérogative, que le tarif général leur accorde actuellement.

En même tems il a été convenu entre les

hautes parties contractantes, que les sujets russes n'entreront en possession de cet avantage dans les ports des deux Siciles, que du moment que les sujets napolitains seront dans le cas de jouir dans les ports russes de la mer Noire des avantages stipulés en leur faveur par le présent article.

Article VIII.

Toutes les fois que les navires des sujets russes ou Napolitains seront obligés par des tempêtes, ou pour se soustraire à la poursuite de quelques pirates, ou aussi pour quelqu'autre accident, de se refugier dans les ports des états respectifs, ils pourront s'y radouber, se pourvoir de toutes les choses nécessaires, & se remettre en mer librement, sans subir la moindre visite, à condition pourtant, que pendant leur séjour dans ces ports, ils ne puissent rien tirer de leurs navires, ni exposer en vente, ni charger aucune marchandise. Et puisqu'en entrant dans lesdits ports sans intention d'y commercer, ils doivent être exempts de tout droit de douane, ils n'en seront pas moins tenus à acquitter ceux de mouillage, ancrage, fanal, carénage, de radoub & de lest, en se conformant en tout aux loix, statuts & coûtumes du lieu ou du port, où ils seront entrés.

Article IX.

Les vaisseaux de guerre des deux puissances

trouveront

trouveront également les rades, rivières, ports & havres libres & ouvertes pour entrer & sortir, demeurer à l'ancre tant qu'il leur sera nécessaire, sans pouvoir être visités, en se conformant de même aux loix générales de police & à celle du bureau de santé, établies dans les états respectifs.

Dans les ports fortifiés des villes, où il y a garnison & nommément pour les états de S. M. Sicilienne, dans ceux de Gajette & de Messine, il ne pourra entrer que quatre, & dans les autres, où il n'y a point de garnison, comme Baja, Augusta & Siracuse, il ne pourra entrer que trois vaisseaux de guerre à la fois, à moins qu'on n'en ait demandé & obtenu la permission pour un plus grand nombre.

On ne facilitera pas moins auxdits vaisseaux de guerre les moyens de se ravitailler & radouber dans les ports respectifs, en leur fournissant les vivres & rafraichissemens au prix courant, francs & quitte de douane, ainsi que les agrès, bois, cordages, apparaux, au prix courant des arsenaux des deux puissances, s'ils seront tirés de ceux-ci, mais en les achetant des particuliers, ils seront payé aux prix dont on sera convenu avec eux; bien entendu cependant, que le besoin pressant de l'état n'y mette un obstacle légitime.

ARTICLE X.

Quant au cérémonial du salut sur mer, les hautes parties contractantes sont convenues de le régler ſelon les principes d'une parfaite égalité entre les couronnes. Ainſi lorſque les vaiſſeaux de guerre de l'une des puiſſances ſe rencontreront en mer avec les vaiſſeaux de l'autre, on ſe réglera pour le ſalut d'après le grade des officiers commandant ces vaiſſeaux; de façon que ceux d'un rang égal ne ſeront point obligés à ſe ſaluer du tout, tandis que les vaiſſeaux, commandés par des officiers d'un rang ſupérieurs, recevront à chaque fois le ſalut des inférieurs, en le rendant coup ſur coup. A l'entrée dans un port, où il y aura garniſon, les vaiſſeaux des hautes parties contractantes ſeront également tenus au ſalut d'uſage, & il y ſera répondu de même coup pour coup; excepté toute fois la réſidence des ſouverains reſpectifs, où ſelon ce qui eſt généralement reçu, ce ſalut ne ſera point rendu de part & d'autre.

Article XI.

Aucun vaiſſeau de guerre ou bâtiment marchand, appartenant aux ſujets de l'une des deux puiſſances contractantes, ni perſonne de leur équipage ne pourra être arrêté, ni les marchandiſes ſaiſies dans les ports de l'autre. Quant aux navires marchands en particulier, cette clauſe ne s'étendra point aux ſaiſies ou arrêts de juſtice, provenant de dettes perſonnelles, contractées dans le pays même par les propriétaires d'un tel navire ou de ſa cargaiſon; cas dans lequel il ſera procédé ſelon les droits & les formes judiciaires; & à l'égard des délits personnels, chacun ſera ſoumis aux peines, établies par les loix du pays où le navire & l'équipage auront abordé.

ARTICLE XII.

Les vaiſſeaux d'une des deux puiſſances avec leur équipage, tant matelots que paſſagers, y compris les ſujets d'une nation étrangère ſeront reçus avec l'aſſiſtance & la protection la plus marquée, & aucun de ceux, qui compoſent ledit équipage ne ſera forçé de s'engager malgré lui au ſervice de l'autre puiſſance, excepté ſes propres ſujets, leſquels elle ſera en droit de réclamer. Pareillement on ne pourra forcer les ſuſdits vaiſſeaux & navires quelconques à ſervir en guerre, ni à aucun tranſport contre ſon gré.

ARTICLE XIII.

Si un matelot déſerte du vaiſſeau, il ſera livré à la réquiſition du capitaine, & en cas de rebellion, le gouvernement requis par le conſul ou vice-conſul & au défaut de ceux-ci par le capitaine du vaiſſeau, donnera main forte pour ranger les révoltés à leur devoir, en lui prêtant tous les ſecours, dont il pourra avoir beſoin pour continuer ſon voyage ſans riſque & ſans retard.

ARTICLE XIV.

Aucun vaiſſeau marchand de l'une ou de l'autre nation ne pourra donner retraite dans ſon bord aux déſerteurs de terre ou de mer, ni aux contrebandiers, crimineles ou malfaiteurs & contre tous ceux, qui y contreviendront, il ſera procédé ſelon les uſages & loix, établis à ce ſujet dans chaque pays.

ARTICLE XV.

Les officiers commandans des vaiſſeaux de guerre ne donneront point d'azyle non plus ſur leur bord à des pareils déſerteurs, criminels ou malfaiteurs, & dans les cas échéans, ils ne feront aucune difficulté de les livrer.

ARTICLE XVI.

En cas de naufrage les conſuls & vice-conſuls, réſidans ſur les lieux, conjointement avec les gens de l'équipage auront excluſivement à toute autre perſonne le droit de faire ſauver le vaiſſeau & les effets, pour être reſtitués en entier aux propriétaires, après qu'on aura acquitté les juſtes frais du ſauvetage, leſquels ſeront réglés avec économie & humanité, ſans que rien ne puiſſe être retenu des effets récouvrés, ſous prétexte d'anciennes coutumes ou droits, ſoit du ſouverain des villes ou des particuliers.

Les magiſtrats ou officiers du pays, où le

naufrage eſt arrivé, ne pourront s'ingérer dans le ſauvement, ſi ce n'eſt que lorſqu'ils en ſeront réquis par l'équipage, ou par le conſul ou vice-conſul, afin de faciliter & d'accélérer l'opération du ſauvetage & prévenir les déſordres & infidélités, qui ſouvent l'accompagnent.

Les tribunaux ou magiſtrats du pays ne pourront rien exiger pour ces fonctions, & ils emploieront efficacement leur autorité pour faire châtier avec toute la ſévérité poſſible ceux, qui ſe trouveront coupables de quelque déſordre ſur ce point.

Et quant aux droits de douane ſur les effets naufragés, on ſe conformera de part & d'autre aux loix & ordonnances des pays, où le navire a échoué ; & dans ce cas les hautes parties contractantes s'engagent à traiter les ſujets reſpectifs ſur le pied des nations favoriſées.

Article XVII.

Lorſqu'une des deux puiſſances contractantes ſera en guerre avec d'autres états; la navigation & le commerce libre des ſujets de l'autre avec ces mêmes états ne ſeront point pour cela interrompus, & c'eſt au contraire en ce cas, que les deux couronnes intimement convaincues de la ſageſſe des principes, qui pour le bien général des peuples commerçans ont été fixés & arrêtés par l'acte d'acceſſion, ſigné entre elles à S. Pétersbourg le 10 Février 1783, déclarent d'en vouloir faire la regle immuable de leur propre conduite & d'y avoir recours en toute occasion, comme à des loix & stipulations, qui méritent un rang distingué dans le code de l'humanité.

Article XVIII.

En conséquence, elles s'appliquent ici immédiatement à elles-mêmes les quatre axiomes importans, qui pour le cas de la guerre ont été établis en faveur des droits de tous les peuples neutres en général, savoir'

1°. Qué les vaisseaux neutres pourront naviguer librement de port en port, & sur les côtes des nations en guerre.

2°. Que les effets appartenans aux sujets des puissances en guerre seront libres sur les vaisseaux neutres, à l'exception de la contrebande de guerre.

3°. Que pour déterminer ce qui caractérise un port bloqué, on n'accordera cette dénomination qu'à celui, ou il y aura par la disposition de la puissance, qui l'attaque avec un nombre proportionné de vaisseaux suffisamment proches, un danger évident d'entrer.

4°. Enfin que ces principes servant de regle dans les procédures & les jugemens sur la légalité des prises, ne dérogeront point aux traités subsistans actuellement entre L. M. & d'autres puissances, mais qu'ils les consolideront encore davantage.

Article XIX.

Outre cela les deux hautes puiſſances contractantes pour obvier à toute ſource de malentendus entre elles, & pour s'avouer en même temps ſur un principe intéreſſant du droit des gens, concernant la navigation des neutres, ſont convenues: que toutes les fois, que l'une d'entr'elles entrera en guerre avec une autre puiſſance quelconque, ne pourra point attaquer les vaiſſeaux ennemis, que hors de la diſtance de la portée du canon des côtes de l'autre puiſſance, qui ſeta reſtée neutre.

Une neutralité parfaite ſera conſervée auſſi dans les ports, havres, golfes & indiſtinctement dans toutes les eaux quelconques, qui leur appartiennent & qui ſont compriſes ſous la dénomination d'eaux cloſes.

Article XX.

Les navires marchands des ſujets reſpectifs, naviguans ſeuls, & lorſqu'ils ſeront rencontrés ou ſur les côtés ou en pleine mer par les vaiſſeaux de guerre ou armateurs particuliers de l'une ou de l'autre des deux puiſſances contractantes, engagée dans une guerre avec quelqu'autre état, en ſubiront la viſite ; mais en même-temps qu'il ſera interdit en ce cas aux dits navires marchands de ne rien jetter de leurs papiers en mer, les vaiſſeaux de guerre ou armateurs ſuſdits reſteront de leur côté conſtamment hors de la portée du canon des navires marchands. Et pour obvier entièrement à tout désordre & violence, il est convenu, que les premiers ne pourront jamais envoyer au-delà de deux ou trois hommes dans leur chaloupe à bord des derniers pour faire examiner les passeports & lettres de mer, qui constateront la propriété & les chargemens de ces navires, supposé toutefois, que, si de tels navires marchands se trouvoient escortés par un ou plusieurs vaisseaux de guerre, la simple déclaration de l'officier commandant l'escorte, que ces navires ne portent point de contrebande, doit être envisagée comme pleinement suffisante, & aucune visite n'aura plus lieu.

Article XXI.

Il n'aura pas sitôt apparu par les titres produits ou par l'assurance verbale de l'officier commandant l'escorte, que les navires marchands ainsi rencontrés en mer, ne sont point chargés de contrebande, qu'il leur sera libre de continuer sans aucun empêchement ultérieur leur route & les commandans des vaisseaux de guerre ou armateurs de part & d'autre, qui se seront permis, ce non obstant, de molester ou d'endommager d'une façon quelconque les navires en question, seront obligés d'en répondre en leurs personnes ou leurs biens, outre la réparation due à l'insulte, faite au pavillon

Article XXII.

Que si par contre un navire visité se trouvoit surpris en contrebande de guerre, l'on ne pourra point pour cela rompre les caisses, coffres, balles & tonneaux, qui se trouveront sur le même navire, ni détourner la moindre partie des marchandises; mais le capteur sera en droit d'amener ledit navire dans un port où, après l'instruction du procès faite par devant les chambres d'amirauté, ou de ceux que le souverain du lieu aura destinés pour être juges des prises, selon les regles & loix établies, & après que la sentence définitive aura été portée, la marchandise non permise ou reconnue pour contrebande sera confisquée, tandis que les autres effets & marchandises, s'il s'en trouvoit sur le même navire seront rendus, sans que lon puisse jamais retenir ni vaisseau ni effets, sous prétexte de fraix ou d'amende. Pendant la durée du procès, le capitaine après avoir délivré la marchandise, reconnue pour contrebande, ne sera point obligé malgré lui, d'attendre la fin de son affaire, mais il pourra se mettre en mer avec son vaisseau & le reste de sa cargaison, quand bon lui semblera, & au cas qu'un navire marchand de l'une des deux puissances en paix, fut saisi en pleine mer par un vaisseau de guerre ou armateur de celle qui est en guerre, & qu'il se trouvât chargé d'une marchandise reconnue pour contrebande, il sera libre audit navire marchand, s'il le trouve à propos, d'abandonner d'abord la contrebande à ſon capteur, lequel devra ſe contenter de cet abandon volontaire, ſans pouvoir retenir, moleſter ou inquiéter en aucune façon le navire, ni l'équipage, qui pourra dès ce moment pourſuivre ſa route en toute liberté.

ARTICLE XXIII.

On ne comprendra ſous la rubrique de contrebande, que les choſes ſuivantes: comme canons, mortiers, armes à feu, piſtolets, bombes, grenades, boulets, balles, fuſils, pierres à feu, mêches, poudre, ſalpêtre, ſouffre, cuiraſſes, piques, épées, ceinturons, poches à cartouches, ſelles & brides, en exceptant toutefois la quantité, qui peut être néceſſaire pour la défenſe du vaiſſeau & de ceux qui en compoſent l'équipage; & toutes les marchandiſes & effets non déſignés dans cet article, ne ſeront pas réputés munitions de guerre & navales, ni ſujets à confiſcation, & par conſéquent paſſeront librement ſans être aſſujettis à la moindre difficulté

ARTICLE XXIV.

Quoique par les ſtipulations de l'article précédent, les marchandiſes de contrebande de guerre ſe trouvent clairement ſpécifiées & déterminées, de manière que tout ce qui n'y eſt pas nommément exprimé, doit être réputé libre & à l'abri de toute ſaiſie, cependant L. M. Imp. & Sicilienne, attendu les difficultés, qui ſe ſont élevées pendant la dernière guerre maritime touchant la liberté, dont les nations neutres doivent jouir, d'acheter des vaiſſeaux, appartenans aux puiſſances belligérantes, ou à leurs ſujets, ont jugé à propos, pour prévenir tout doute, qu'on pourroit encore élever ſur cette manière, de ſtipuler qu'en cas de guerre de l'une d'entr'elles avec quelqu'autre puiſſance, les ſujets de l'autre partie contractante, qui ſera reſtée en paix, pourront librement acheter ou faire conſtruire pour leur compte, & en quel tems que ce ſoit, autant de navires, qu'ils jugeront à propos, chez les ſujets de la puiſſance en guerre avec l'autre partie contractante, ſans être aſſujettis à aucune difficulté de la part de celle-ci, ou de ſes armateurs, bien entendu cependant, que de tels navires doivent être munis de tous les documens néceſſaires pour conſtater la propriété & l'acquiſition légale des ſujets de la puiſſance neutre.

Mais comme dans les deux Siciles il y a défenſe poſitive en tems de guerre, auſſi bien qu'en tems de paix, de conſtruire aucun bâtiment pour compte étranger, & que les ſujets de ces deux royaumes n'ont ni la faculté de vendre leurs navires à d'autres nations, ni celle de leur en acheter à moins d'une permiſſion expreſſe, il eſt convenu, que les ſujets ruſſes ne pourront non plus, ni faire conſtruire, ni acheter des bâtimens marchands dans les états des deux Siciles, ſans que pour cela les vaiſſeaux appartenans à ceux-ci, ſoit conſtruits dans leurs chantiers, ſoit achetés chez toute autre nation étrangere & munis des documens requis, cessent en pleine mer, aussi bien que dans les ports de S. M. Sicilienne, de jouir de toutes les sûretés, arrêtées & stipulées dans le présent article.

Article XXV.

Pour prévenir toutes sortes de contrebande & éviter qu'on ne fraude les droits des souverains respectifs, il a été couvenu, qu'en tout ce qui regarde la visite des bâtimens, les déclarations des marchandises, le tems de les présenter & la manière de les vérifier & constater, & généralement en tout ce qui a rapport aux précautions à prendre contre la contrebande & aux peines à infliger aux contrebandiers, l'on observera de part & d'autre les loix & les réglemens de chaque pays, de façon pourtant, que les sujets des deux puissances contractantes ne seront point traités différemment des naturels du pays ou des nations qui y sont favorisées.

Article XXVI.

Les sujets des deux hautes parties contractantes dans tous les procès & autres affaires seront jugés par les tribunaux ordinaires du pays, d'où les affaires de commerce ressortissent, lesquels leur rendront la plus prompte & exacte justice selon les loix & réglemens établis par ces tribunaux, & il sera libre aux ſujets reſpectifs de choiſir pour ſoigner ou plaider leurs cauſes, tels avocats, procureurs ou notaires que bon leur ſemblera, pourvu qu'ils ſoyent avoués par le gouvernement, ou les tribunaux, établis pour cela.

ARTICLE XXVII.

Il ſera libre aux deux puiſſances contractantes d'établir pour l'avantage du commerce de leurs ſujets, & dans tous les ports de leurs états reſpectifs, où l'entrée & le commerce ſont permis aux étrangers, des conſuls généraux, conſuls & vice-Conſuls, leſquels jouiront des mêmes priviléges, prérogatives & immunités dont jouiſſent les conſuls des nations favoriſées, mais ſans qu'ils puiſſent être choiſis parmi les ſujets nés du ſouverain, chez qui ils doivent réſider à moins qu'à cet effet ils n'ayent expreſſement obtenu la permiſſion ou la diſpenſe du gouvernement à pouvoir ſe charger & exercer de pareilles fonctions.

ARTICLE XXVIII.

Ces conſuls & vice-conſuls ne ſe mêleront des affaires des bâtimens de leur nation que ponr accomoder à l'amiable & par voye d'arbitrage les différens, qui pourront naître entre les capitaines & les matelots, relativement au tems de leur ſervice, dépenſe, ſalaire, nourriture, &c. & ne ſe mêleront autrement des différends des négocians & individus de leur nation, domiciliés dans les états respectifs, que lorsque ceux-ci se soumettront volontairement à la décision du consul ou vice-consul. Mais toutes les fois, que les deux parties en litige, ou ne voudront pas avoir recours à l'arbitrage du consul ou vice-consul, ou se croiront lézés par la décision de l'un ou de l'autre, elles pourront réclamer contre ladite décision & s'adresser aux tribunaux ordinaires du pays, où elles sont domiciliées, & auxquels ces consuls eux-mémes en tout ce qui concerne leurs propre affaires seront également subordonnés.

Article XXIX.

Lorsque les marchands russes & napolitains feront enrégistrer aux douanes leurs contrats ou marchés pour vente ou achat de màrchandises, par leurs commis, expêditeurs ou autres gens employés par eux, les douanes de Russie, où ces contrats s'enrégistreront, devront examiner soigneusement, si ceux, qui contractent pour le compte de leurs commettans, sont munis par ceux-ci d'ordres ou de pleinpouvoirs faits en bonne & dûe forme, auquel cas lesdits commettans seront responsables comme s'ils avoient contracté eux-mêmes en personnes. Mais si lesdits commis, expéditeurs ou autres gens employés par les susdits marchands, ne sont pas munis d'ordres ou de plein-pouvoirs suffisans, ils ne devront pas en être crus sur leur parole. Et quoique les douanes soyent chargées de veiller à cet objet, les contractants n'en seront pas moins tenus de prendre garde eux-mêmes, que les accords ou contrats, qu'ils feront ensemble n'outrepassent pas les procurations ou pleinpouvoirs, qui leur ont été confiés par leurs commettans; puisque ces derniers ne sont tenus à répondre que pour l'objet & la valeur pour lesquels les pleinpouvoirs ont été donnés par eux.

ARTICLE XXX.

Tout appui possible sera prêté aux sujets napolitains contre ceux des sujets russes, qui n'auront pas rempli les engagemens d'un contrat fait selon les formes prescrites & enrégistré à la douane; & à cet effet le gouvernement employera en cas de besoin l'autorité requise pour obliger les parties à comparoître en justice dans les endroits mêmes, où ces contrats auront été conclus & enrégistrés, & pour obliger les contractants à l'exécution de tout ce qu'ils y auront stipulé.

ARTICLE XXXI.

On ne prendra pas moins toutes les précautions nécessaires, pour que le crac soit confié à des gens connus par leur intelligence & probité, afin que les sujets napolitains puissent, par-là être à l'abri du mauvais choix des marchandises & des emballages frauduleux, &

toutes les fois qu'il y aura des preuves suffisantes de contrevention, négligence ou de mauvaise foi dans l'exercice des fonctions des employés, ils en seront responsables & obligés à bonifier les pertes qu'ils auront causées.

En réciprocité des avantages, accordées par les articles ci-dessus 29, 30, 31, aux sujets Napolitains en Russie, S. M. Sicilienne promet de faire veiller avec le même soin & la même attention, que les sujets russes soient traités dans les états de sa domination, dans tout ce qui aura du rapport à lá sureté des coutrats & aux moyens d'éviter les fraudes dans les ventes & achats des marchandises, à l'égal des nations favorisées.

Article XXXII.

Les sujets respectifs auront pleine liberté de tenir dans leur domicile des livres de commerce en tel langue qu'ils voudront, sans que l'on puisse, à cet égard, leur prescrire, & l'on ne pourra pas exiger d'eux de produire leurs livres de commerce, si ce n'est pour se justifier en cas de banqueroute ou de procès; mais dans ce dernier cas, ils ne seront obligés de présenter que les articles nécessaires à l'éclaircissement de l'affaire dont il sera question.

Article XXXIII.

S'il arrivoit qu'un sujet napolitain fit banqueroute dans les états de S. M. l'imp. de toutes

toutes les Russies, ou un sujet russe fit banqueroute dans les états de S. M. Sicilienne, ils seront soumis aux loix, ordonnances & statuts du pays, où ils auront fait banqueroute.

Article XXXIV.

Il sera permis aux marchands napolitains établis en Russie de bâtir, acheter, vendre & louer des maisons dans toutes les villes de cet empire, qui n'ont pas des droits de bourgeoisie & des priviléges contraires à ces acquisitions; & il est nommément spécifié, que les maisons possédées & habitées par les marchands napolitains à St. Pétersbourg, Moscou & Archangel d'un côté & de l'autre à Cherson, Sebastopol & Théodosie, seront exemptes de tout logement de gens de guerre, aussi longtems qu'elles leur appartiendront, & qu'ils y logeront eux-mêmes; mais les maisons, qu'ils donneront ou prendront à louage, ne seront pas exemptes des charges & logemens prescrits. Dans toutes les autres villes de l'empire de Russie, les maisons achetées ou bâties par lès marchands napolitains, qui pourront s'y établir, ne jouiront pas de ces exemptions, accordées seulement dans les six villes susmentionnées. Si cependant on jugeoit à propos, dans la suite du tems de faire une ordonnance générale, pour acquitter en argent la fourniture des quartiers, les marchands napolitains y seront assujettis comme les autres.

Quoique dans les états des deux Siciles,

tout étranger ait la liberté d'acheter des maisons, & qu'elles soyent presque généralement exemptes de logemens militaires, cependant S. M. Sicilienne s'engage de faire maintenir en faveur des sujets russes, établis dans ses états, les droits & prérogatives, stipulés par cet article, & en général de les traiter à cet égard comme les sujets de la nation la plus favorisée.

ARTICLE XXXV.

Ceux des sujets respectifs qui voudront quitter les provinces, villes & états de la domination de l'une ou de l'autre des puissances contractantes, n'éprouveront aucun empêchement de la part du gouvernement, mais il leur sera accordé, avec les précautions reçues & d'usage dans chaque endroit, les passeports nécessaires, pour qu'ils puissent se retirer & emporter librement les biens qu'ils y auront apportés ou acquis, après avoir acquitté leurs dettes, ainsi que les droits fixés par les loix, ordonnances & statuts des états respectifs.

ARTICLE XXXVI.

Quoique le droit d'aubaine n'existe pas dans les états de deux puissances contractantes, il est cependant convenu entr'elles, afin de prévenir tous les doutes, qui pourroient s'élever là-dessus, que les biens, meubles & immeubles, délaissés par la mort d'un des sujets respectifs dans les états de l'autre, pafferont librement & fans obftable quelconque aux héritiers par teftament, ou ab inteftat, lefquels pourront en conféquence prendre tout de fuite poffeffion de l'héritage, ou par eux-mêmes, ou par procuration, auffi-bien que les exécuteurs teftamentaires, s'il y en avoit de nommés par le défunt; & lefdits héritiers difpoferont enfuite à leur gré de l'héritage qui leur fera échu, après avoir acquitté les différens droits établis par les loix de l'état, où ladite fucceffion aura été délaiffée. Et au cas que les héritiers, étant abfens ou mineurs n'auroient pas pourvu à faire valoir leurs droits, alors toute la fucceffion fera inventoriée par un notaire public, en préfence du juge ou des tribunaux du lieu, accompagné du conful de la nation du décédé, s'il y en a un dans le même endroit, & de deux autres perfonnes dignes de foi, & dépofée enfuite dans quelque établiffement public ou entre les mains de deux ou trois marchands, qui feront nommés à cet effet par ledit conful, ou à fon défaut entre les mains de ceux, qui d'autorité publique y auront été défignés, afin que ces biens foient gardés par eux & confervés pour les légitimes héritiers & véritables propriétaires. Et fuppofé, qu'il s'élevât une difpute fur un pareil héritage entre plufieurs prétendans, alors les juges de l'endroit, où les biens du défunt fe trouveront, décideront le procès felon les loix du pays.

ARTICLE XXXVII.

Si la paix étoit rompue entre les deux puissances contractantes, ce qui à Dieu ne plaise, on n'arrêtera point les personnes, ni ne confisquera les navires & les bien des sujets; mais il leur sera accordé au moins l'espace d'une année pour vendre, débiter ou transporter leurs effets, & pour se rendre dans cette vue partout où ils le jugeront à propos, après avoir cependant acquitté les dettes qui peuvent être à leur charge. Ceci s'entendra pareillement de ceux des sujets respectifs, qui serviront par mer ou par terre, & il sera permis aux uns & aux autres, avant, ou à leur départ de céder à qui bon leur semblera, où de disposer selon leur bon plaisir & convenance de ceux de leurs effets, dont ils n'auront pu se défaire ainsi que des dettes, qu'ils ont à prétendre, & les débiteurs seront également obligés à payer leurs dettes, comme s'il n'y avoit pas eu de rupture.

ARTICLE XXXVIII.

Le présent traité durera pendant douze ans, & tout ce qui s'y trouve arrêté, doit être observé invariablement pendant cet intervalle, & exécuté dans toute sa teneur, & avant l'expiration du terme dudit traité, les deux parties contractantes se réservent de pouvoir convenir entr'elles sur sa prolongation.

Article XXXIX.

Les deux hautes parties contractantes s'engagent à ratifier le préſent traité de commerce & les ratifications en ſeront échangées en bonne & due forme dans l'eſpace de quatre mois, à compter du jour de la date de ſa ſignature, ou plutôt ſi faire ſe peut.

En foi de quoi nous ſouſſignés, en vertu de nos pleinpouvoirs, avons ſigné ledit traité & y avons appoſé le cachet de nos armes.

Fait à Zarskoe Selo le 6, 17 *Janvier* 1787.

Comte Jean d'Oſtermann (L. S.); le duc de Serracapriola (L. S.); comte Alexandre Woronzow (L. S.) Alexandre comte de Bezborodko (L. S.); Arcadi de Marcoff (L. S.).

Après avoir ſuffiſamment examiné ce traité d'amitié, de commerce & de navigation, nous l'avons agréé, confirmé & ratifié, ainſi que nous l'agréons, confirmons & ratifions par les préſentes dans toute ſa teneur, promettant ſur notre parole & foi impériale pour nous & nos héritiers de remplir inviolablement tout ce qui a été ſtipulé par le ſuſdit traité, & de ne rien entreprendre qui y ſoit contraire.

En foi de quoi nous avons ſigné cette notre ratification impériale de notre propre main,

& y avons fait appoſer le ſceau de l'empire. Donné à Caraſou-Baſar en Tauride, le 27 Mai, l'an de grace 1787, & de notre regne la vingt-cinquième année.

CATHERINE.

Comte Jean d'Oſtermann.

N°. IX.

Art. X & XI du traité de commerce du 20 Juin 1766, entre la Russie & la Grande Bretagne mentionnés dans les traités de neutralité armée, ci-devant rapportés.

ARTICLE X.

Il sera permis aux sujets des deux partie contractantes d'aller, venir & commercer librement dans les états, avec lesquels l'une ou l'autre est actuellement, ou pourroit par la suite être en guerre, pourvu qu'on ne porte pas de munitions de guerre à l'ennemi. On excepte cependant de cette permission les places bloquées, ou assiégées, soit par mer, soit par terre; mais dans toutes autres circonstances de tems, & en exceptant seulement les munitions de guerre, les susdits sujets peuvent transporter dans ces places toutes sortes de commodités, & des passagers, sans qu'il leur soit apporté le moindre empêchement. Quant à la recherche à faire sur les vaisseaux marchands, les commandans des vaiſſeaux de guerre, & les armateurs ſe conduiront réciproquement avec autant de faveur, que la raiſon de guerre pourra permettre de le faire envers les puiſſances les plus amies, qui ont adopté la neutralité, obſervant autant qu'il ſe pourra de ſuivre les principes & les maximes que preſcrivent les loix des nations, qui ſont généralement avouées.

Article XI.

Tous canons, mortiers, mouſquets, piſtolets, bombes, grenades, boulets, balles, fuſées, pierres à feu, mêches, poudre, ſalpêtre, ſouffre, cuiraſſes, piques, épées, ceinturons, gibernes, ſelles & brides au-de-là de la quantité, qui peut être néceſſaire pour l'uſage du vaiſſeau, ou pour celui de chaque homme ſervant à bord du vaiſſeau, ou y etant comme paſſager, ſeront regardés comme munitions de guerre, ou fournitures militaires, & ce qui en ſera trouvé à bord ſera confiſqué comme marchandiſes de contrebande & effets prohibés; mais même dans ce cas, ni les vaiſſeaux, ni les paſſagers, ni les autres effets trouvés en même tems ne ſeront ni détenus, ni retardés dans la pourſuite de leur voyage.

N°. X.

Deux articles du traité de navigation & de commerce conclu le 10. Septembre 1785. entre S. M. le roi de Prusse, & les treize états unis de l'Amérique septentrionale.

Article I.

Si une des parties contractantes est en guerre avec une autre puissance, celà ne doit pas interrompre la correspondance & le commerce des sujets ou citoyens de la partie qui reste paisible ou neutre : au contraire les vaisseaux du neutre pourront en toute sûreté s'approcher des cotes des Belligérans, & entrer dans leurs ports. De plus les bâtimens libres & amis rendront libres & sures toutes les marchandises qui feront partie de leur cargaison quand même elles appartiendroient à l'ennemi de l'autre partie.

Pour éviter l'embarras des recherches occasionnées par les marchandises de contrebande, comme les munitions, les armes & autres uſtenſils de guerre, lorſque des articles de cette nature ſeront trouvés à bord des bâtimens appartenans aux ſujets d'une partie & deſtinés à l'ennemi de l'autre, aucun de ces articles ne doit être réputé contrebande, interdie, et partant ſaiſiſſable au préjudice des propriétaires : il eſt ſeulement permis de retenir ces bâtimens avec leur cargaiſon, auſſi longtems que le premier le jugera néceſſaire pour ſon intérêt légitime, & dans ce cas il ſera tenu de payer une indemnité proportionnée à la perte réſultante d'un pareil retardement. Il ſera également permis au premier d'employer à ſon uſage les munitions & inſtrumens de guerre, en payant au propriétaire la juſte valeur de ces articles ſelon le prix courant du lieu pour lequel ils étoient deſtinés.

Article II.

Aucun ſujet des parties contractantes ne pourra obtenir des pâtentes & lettres De Marque de la puiſſance contre la quelle l'autre partie ſera en guerre, ſous peine d'être traité comme pirate, & comme écumeur de mer. La guerre ſurvenant entre les parties contractantes, les femmes, les enfans, les gens de lettres & profeſſeurs de toutes les facultés, les payſans, les artiſans, les ouvriers, les pêcheurs, qui ne portent point les armes, & qui habitent des bourgs, & villes non fortifiés, en un mot tous ceux qui exercent leur induſtrie pour la conſervation & l'utilité commune du genre humain, auront l'entiere liberté de continuer leurs travaux, & leurs commerces reſpectifs; on reſpectera leur perſonne, & ſi leurs propriétés immobiliaires tombent au pouvoir de l'ennemi, elles ne ſeront ni brûlées, ni dévaſtées, ni détruites. En outre ſi la néceſſité forçoit à s'emparer de quelques uns de leurs meubles, on leur en payera la valeur à juſte prix.

Tous les bâtimens employés au commerce des productions du cru, ou des marchandiſes étrangeres, & deſtinés à faciliter aux différentes nations l'achât des choſes utiles ou agréables, pourront aller & venir librement ſans être inquiétés. Les deux puiſſances contractantes promettent de n'accorder à aucun corſaire des lettres de protection ou autres titres pour prendre de tels bâtimens, & bien moins encore pour les ruiner & interrompre leur commerce.

Ces deux articles ſont tirés d'un ouvrage périodique intitulé ; *Berliniſche monatſchirift herauſg. von ſ. Gedik, Und I. E. Brieſter.*

N°. XI.

RÉGLEMENS,

Concernant la navigation & le commerce, adoptés & promulgués par les peuples neutres d'Italie, à l'occasion de la derniere guerre entre la grande Bretagne d'une part, & les colonies Américaines la France, l'Espagne & la Hollande d'autre part.

Pierre Léopold, par la grace de Dieu prince royal de Hongrie, & de Bohême, archiduc d'Autriche, grand duc de Toscane, &c. &c. &c.

VOulant pourvoir à ce que, dans notre port de Livourne, & dans les autres ports & échelles de la Toscane, on observe la plus exacte neutralité dans tous les cas de guerre maritime entre les puissances de l'Europe, & pour qu'aucun événement ne puisse interrompre le commerce de nos côtés, nous ordonnons qu'on suive notre présent réglement.

ARTICLE I.

Les nations Belligérantes ne pourront exercer aucun acte d'hostilité l'une contre l'autre, dans le port ou sur la côte de Livourne, dans l'enceinte formée du levant au couchant par le rivage & le tour de la *Megliora*; & dans les mers adjacentes aux autres ports, échelles, tours & côtes du grand duché, on ne pourra exercer aucun acte d'hostilité à la portée du canon, en conséquence dans le susdit espace il sera defendu de faire aucune prise, poursuite, semonce, visite, & généralement aucune espèce d'acte de violence & de supériorité, attendu que les bâtimens de toutes les nations doivent y jouir d'une sûreté parfaite, en vertu de la protection que nous leur accordons dans les cours adjacentes à notre grand duché.

ARTICLE II.

Les bâtimens des nations Belligérantes ne pourront pas se tenir en croisière pour inquiéter le commerce public, & pour interdire aux autres navires la sortie des ports de Toscane, ou le libre accès des mêmes ports; ils pourront encore moins se retirer dans les ports ou échelles du grand duché, ou audessus du tour de la *Megliora*, pour aller à la rencontre des vaisseaux arrivans, ou à la poursuite de ceux qui partent.

ARTICLE III.

Aucune eſpèce de bâtiment appartenant à une nation en guerre étant à l'ancre dans le môle, ou à la rade de Livourne, ou à porto Ferraïo, & dans les autres échelles du grand duché, ne pourra partir quand il y aura des ſignaux au fanal, ou quand il y aura en vue des navires pour leſquels il n'eſt pas d'uſage de mettre les ſignaux. Si les bâtimens de la nation en guerre ont mis à la voile, & qu'il paroiſſe des ſignaux, ou un navire avant que les dits bâtimens ayent outre paſſé la ligne de la Manche, ils ſeront rappellés à coup de canon, & obligés de ſe remettre ſur leurs ancres. Lorſque leſdits bâtimens venant de la mer ſeront entrés dans l'enceinte de la manche : s'il paroit des navires ou des ſigneaux au fanal, il ne leur ſera pas permis de virer de bord contre leſdits navires; mais ils ſeront obligés de venir jetter l'ancre dans le port ou dans la rade, ſans inquiéter leſdits navires entrans.

ARTICLE IV.

Quand un bâtiment quelconque de nation en guerre aura ſéjourné dans le port ou dans la rade, le moment du départ ſéra au choix de celui qui y ſera entré le premier, pourvu toute fois que ces bâtimens de nation en guerre ne puiſſent mettre à la voile que vingt-quatre heures après le départ de tout autre navire quelque ſoit ſon pavillon.

Article V.

Comme il entre ſouvent des bâtimens dans nos ports, & particulierement dans celui de Livourne, & qu'il en part auſſi fréquemment, ce qui pourroit occaſionner aux bâtimens des nations en guerre, un retard préjudiciable au commerce, nous voulons que le départ des dits bâtimens ſoit permis même dans les temps déffendus par notre préſente ordonnance, pourvu que les capitaines de navire des nations en guerre, chaque fois qu'ils voudront partir, ou bien les commandans des flottes, ou des eſcadres, une fois pour toutes, donnent leur parole d'honneur aux gouverneurs de Livourne, & de Porto-Ferraïo, de ne pas inquieter les vaiſſeaux marchands, & ceux qui ſeroient à la vue du port, ou qui ſeroient partis dans les vingt quatre heures, quelque ſoit le pays ou le pavillon du dits vaiſſeaux. Et les capitaines ou patrons des batimens marchands ou corſaires donneront bonne & ſuffiſante caution pour l'exécution des conditions ſuſdites.

Article VI.

Les regles établies pour les départs dans les articles III. & IV. n'auront pas lieu à l'égard des petits batimens qui naviguent avec un petit équipage, comme les barques, les felouques, & autres ſemblables, pourvu que ceux des nations en guerre, ne ſoient point armés, mais ſeulement employés au commerce, & qu'ils ne ſortent point du port pour aller en courſe, ou donner la chaſſe à d'autres navires.

ARTICLE VII.

Nous défendons expreſſément tant à nos ſujets, qu'à tout autre domicilié ou étranger, momentanément établi dans le grand-duché, d'armer en courſe ou en guerre dans aucun des ports ou autre lieu de nos états, des navires, vaiſſeaux & tout autre eſpece de bâtiment à voile ou à rame, ſans exception quelconque, notre intention étant qu'on ne puiſſe le faire ni par ſoi-même ni par le moyen d'autrui, ni directement, ni indirectement. Nous défendons pareillement à nos ſujets domiciliés, ou habitans, comme il eſt ci-devant dit, de prendre aucune eſpece d'intérêt ou de participation quelconque dans les armemens en guerre ou en courſe, quand même ils ſeroient faits hors de nos états, à peine de 3 mille écus d'amende pour chaque contravention, ladite amende applicable moitié au fiſc & l'autre moitié à l'accuſateur public ou ſecret, & en outre ſous peine d'une punition afflictive à l'arbitrage du juge qui pourra condamner les contrevenans, ſuivant l'exigence du cas & ſans eſpoir de rémiſſion. Les mêmes peines ſeront encourues par tous ceux qui auront aidé, favoriſé ou ſécondé leſdits armemens avec connaiſſance de leur deſtination, encore qu'ils n'y ayent aucun intérêt.

ART.

Article VIII.

Nous n'entendons comprendre dans cette prohibition la recommandation ou l'administration des corsaires ou des prises : cet objet sera toujours libre ainsi que cela s'est pratiqué par le passé.

Article IX.

Nous exceptons de la prohibition portée par l'art. 7, les bâtimens qui seroient construits ou achetés dans nos ports pour être chargés en marchandises, sous pavillon de nation en guerre, pourvu qu'en ce cas, lesdits bâtimens soient réellement chargés en marchandises, & qu'ils donnent suffisante caution de ne prendre ni inquiéter aucun navire dans leur route, jusqu'à leur arrivée au port où lesdites marchandises seront destinées.

Article X.

Voulons pareillement qu'il soit permis dans nos ports d'équiper & d'expédier en marchandises comme ci-dessus, même sous pavillon de nation en guerre, les prises qu'on y auroit cenduites,

Article XI.

Nous défendons généralement sous les mêmes peines à nos sujets & gens domiciliés dans le grand-duché, de s'enroler & de servir en quelque grade, & à quelque titre que ce puisse être, sur des bâtimens de nation en guerre.

ARTICLE XII.

Les mêmes peines seront encourues par tous ceux qui ayant la faculté d'arborer & d'employer notre pavillon royal de Toscane, embarqueront sous le nom de passagers, ou sous quelqu'autre forme & prétexte que ce soit, tant à Livourne que dans tout autre port, des soldats pour le service des puissances belligérantes.

ARTICLE XIII.

Il sera permis à tout bâtiment de nation en guerre, de renforcer son équipage dans les ports du grand-duché, pourvu qu'il ne s'agisse ni de sujets ni de domiciliés, & qu'on ne puisse enrôler les matelots par force, même entre bâtimens de la même nation, mais que les recrues se bornent aux personnes qui veulent servir de bon gré.

ARTICLE XIV.

Les soldats & matelots qui auront désertés ailleurs, & qui se trouveront dans les ports du grand-duché, ne pourront être réclamés par les bâtimens dont ils seront déserteurs, mais ils resteront en pleine liberté, encore qu'ils se trouvent à bord d'autres bâtimens du même pavillon.

Article XV.

Néanmoins les matelots qui déserteront dans les ports de Toscane, seront rendus de la manière & aux conditions usitées jusqu'à présent. Et ceux qui se seroient engagés dans les ports étrangers seront obligés de servir sur les bâtimens de leur nation respective, ou entretenus par les consuls, & expédiés à leurs frais à Livourne.

Article XVI.

L'achat & le chargement des armes, des poudres & des munitions de guerre ou de bouche seront toujours permis à toute sorte de personne, sur toute espèce de bâtiment dans le port franc de Livourne, où le commerce de ces articles, a toujours été & doit toujours être libre, quand même lesdits articles seroient destinés à ravitailler des bâtimens armés en guerre ou en course. Seulement les vaisseaux marchands ne pourront s'approvisionner d'artillerie, sans donner suffisante caution de n'inquiéter personne dans la traversée, comme nous l'avons ci-dessus prescrit.

Article XVII.

Nous déclarons illégales, nulles & de nul

effet toutes les prise. qui feroient faites contre la difpofition du préfent réglement, & par ceux qui l'auroient enfreint. Voulons que la connoiffance de ces nullité appartienne au gouverneur de Livourne qui la jugera fans appel après en avoir référé à notre confeil d'état & de la guerre.

ARTICLE XVIII.

Nous voulons pareillement que le gouverneur fufdit juge en la même forme & maniere toutes les conteftations qui pourroient s'élever fur les effets & marchandifes chargés à bord des bâtimens, ayant le pavillon de Tofcane, qui feroient arrêtés ailleurs, & conduits dans les ports du grand-duché.

ARTICLE XIX.

Commandons à tous nos miniftres, magiftrats, gouverneurs, juges & officiers, tant civils que militaires, & fpécialement à ceux des ports & lieux maritimes, de faire publier fur le champ la préfente ordonnance & loi perpétuelle, & de veiller à ce qu'elle foit exécutée ponctuellement.

Donné le 1er. Août 1768.

PIERRE LEOPOLD,

V. ALBERTI,

A. SERATTI.

Ferdinand par la grace de Dieu, Roi des deux Siciles, de Jérusalem, infant d'Espagne, duc de Parme, Plaisance, Castre, &c. grand-prince-héréditaire de Toscane, &c.

NOTRE intention étant d'observer la plus exacte neutralité dans les affaires actuelles d'Europe. Nous avons voulu, en faisant connoître nos dispositions pacifiques, prendre en même-tems quelques mesures pour en assurer l'effet & pour maintenir la tranquillité du commerce de nos états : car comme en conséquence de notre déclaration, nous sommes persuadés que les puissances belligérantes observeront dans nos ports & sur nos côtes, la conduite & les égards que l'usage a fait adopter en pareilles circonstances aux nations neutres, en s'abstenant de tout acte d'hostilité, de violence & de supériorité, soit entre elles, soit à l'égard des bâtimens, quelque soit leur pavillon, en se conformant aux regles accoutumées au départ des ports & côtes neutres, & enfin en accordant toute liberté à toute espece de bâtimens pour l'entrée & la sortie desdits ports & côtes neutres : de notre part nous voulons & ordonnons que nos sujets se conforment aux instructions suivantes.

Article I.

Nous défendons expressément à tous nos sujets de quelque qualité qu'ils soient, de s'enrôler & de servir en aucune manière sur les bâtimens des nations belligérantes, & ce sous peine de prison ou autre plus grave selon l'exigence des cas à leur retour dans les lieux de notre obéissance : ou sous peine de saisie & confiscation de leurs biens, ou de bannissement perpétuel, s'ils refusaient de rentrer dans nos états. Toutefois il sera permis à un bâtiment quelconque de nation belligérante de renforcer son équipage, pourvu qu'il n'enrôle aucun de nos sujets, mais seulement des étrangers, qui se trouvent de passage & volontairement disposés à servir, en sorte que les matelots ne puissent être pris à force ouverte par d'autres bâtimens, pas même par leurs compatriotes.

Article II.

Nous défendons dans tous nos états de vendre, construire ou armer, pour le compte des nations belligérantes, aucun bâtiment de course ou de guerre, sous peine pour chaque contravention, de deux mille ducats applicables, moitié au fixe & l'autre moitié à l'accusateur public ou secret. Déclarons en outre que les contrevenans seront irrémissiblement condamnés à une peine afflictive & personnelle que nous laissons à l'arbitrage du juge suivant l'exigeance des cas. Toutes ces peines seront encourues par tous ceux qui donneront aide, assistance & protection auxdits armemens, avec connoissance de leur destination, quand même ils n'y auroient d'ailleurs ni part ni intérêt. Il sera néanmoins permis aux nations belligérantes de réparer leurs bâtimens endommagés, & de faire les achats nécessaires à cet effet.

ARTICLE III.

Nous deffendons à nos sujets ou à tout autre à qui nous aurions permis d'arborer notre pavillon royal, d'embarquer sous le nom de passagers, ou sous quelqu'autre tître & prétexte que ce puisse être des matelots ou soldats pour le service des nations Belligérantes, sous les peines portées par l'article premier. Nous leur deffendons également d'embarquer & transporter des armes, de la poudre, & toutes les munitions généralement appellées contrebande de guerre, pour le compte & le service des nations Belligérantes. Mais on pourra charger & transporter pour leur compte & leur usage des provisions de bouche, ou toute autre sorte de marchandises, quand même elles proviendroient de leurs prises légitimes, & amenées dans nos ports.

ARTICLE IV.

Nous deffendons à nos sujets de participer ni s'intéresser directement ni indirectement dans les armemens de guerre ou de course des nations Belligérantes, quand même les dits armémens se feroient hors de nos états, sous peine de deux mille ducats pour chaque contravention, & sous plus grande peine, s'il y échet. Permettons néanmoins aux nations Belligérantes, de se faire recommander, & de faire administrer ou vendre à leur profit dans nos états, les prises qu'elles auroient légitimement faites, & amenées dans nos ports.

Article V.

Nous déclarons soumises aux peines cidessus prononcées, même à de plus fortes peines, selon l'exigence des cas, toutes personnes sans distinctions d'état, de rang, ni de condition qui auront transgressé les dispositions de notre présente ordonnance : nous attribuons la connoissance particulière des cas prévus au magistrat suprême du commerce en cette métropole pour les contraventions commises dans notre Sicile citérieure, ou dans nos ports de Toscane; à l'égard de celles qui auront lieu dans notre Sicile ultérieure, voulons que la connoissance en appartienne exclusivement au juge suprême du commerce à Palerme, lesquels juges prononceront souverainement & sans appel, apres nous en avoir référé par la voie de notre secrétairerie d'état, & des affaires étrangeres.

Ordonnons pareillement que lesdits tribunaux décident privativement à tous autres les contestations qui pourroient s'élever sur la qualité des effets & marchandiſes, ſur la légitimité des priſes, ou tout autre objet qui, par ſuite de l'uſage ou de la tenue des traités conclus entre les diverſes nations de l'Europe, peut être agité en ſemblable cas avec les puiſſances neutres, & dont la connoiſſance regarderoit nos tribunaux.

Et pour que perſonne n'en prétende cauſe d'ignorance, voulons & ordonnons que nos préſentes déclarations & inſtructions ſignées de nous & contreſignées par notre premier ſecrétaire d'état, ſoient publiées dans les lieux ordinaires & accoutumés de cette capitale, & dans tous les ports & lieux maritimes de notre obéiſſance.

Donné à Naples, *le* 19 *Septembre* 1778.

FERDINAND.
Le marquis de la SAMBUCA.

ÉDIT.

Lazare Opice Pallavicini, prêtre cardinal de la ſainte religion catholique, ſous le titre de St. Pierre aux Liens, & ſecrétaire d'état de la ſainteté de notre ſeigneur le pape Pie VI heureuſement regnant.

L'INTENTION de ſa ſainteté, notre ſeigneur le pape Pie VI, étant d'obſerver dans les circonſtances de la guerre actuelle, la plus exacte neutralité entre les puiſſances d'Europe, ſa ſainteté nous a preſcrit, en faiſant connoître ſes diſpoſitions, de manifeſter par un édit public les meſures ſuprêmes qu'elle a cru devoir prendre pour prévenir ſpécialement dans ſes ports francs de *Civita-Vecchia* & d'Ancone & dans tous autres ports, échelles, côtes & rades de l'état pontifical, toute rencontre capable d'altérer la neutralité, & pour aſſurer la tranquillité du commerce ſur leſdites côtes ſoumiſes à ſon obéiſſance. Sa ſainteté eſt bien perſuadée que les puiſſances belligérantes, & tous les bâtimens qui arborent leurs pavillons, en ſe conformant à la préſente déclaration d'égalité parfaite & de conſtante neutralité ſe feront un devoir d'obſerver dans les ports & parages dépendant de l'état pontifical, la conduite & les égards généralement adoptés par toutes les nations de l'europe en pareilles circonſtances, relativement aux puiſſances neutres. En conſéquence elle eſt aſſurée que, ni dans leſdites eaux, ni auprès des côtes à la diſtance de la portée du canon, il ne ſera exercé aucun acte d'hoſtilité, de piraterie, de violence ou de ſupériorité, ſoit entre leſdites puiſſances, ſoit contre les bâtimens, quelque ſoit leur pavillon : que nul ne ſe tiendra en croiſiére à la vue des côtes, pour troubler le commerce public, en empêchant l'entrée ou la ſortie deſdits ports de l'état pontifical, & qu'enfin on obſervera en partant deſdits ports & côtes, toutes les regles que l'uſage a introduite & maintenue en tems de guerre maritime, pour la ſureté & la liberté du commerce dans tous les ports & parages neutres. C'eſt en vue de cette confiance que ſa ſainteté nous a ordonné de preſcrire à ſes ſujets l'obſervance inviolable des loix ſuivantes, uniquement deſtinées à maintenir avec la plus grande exactitude, la neutralité déclarée.

ARTICLE I.

En exécution de la volonté ſuprême que ſa béatitude nous a communiquée & en vertu de l'autorité de notre office, nous deffendons expreſſément à tous les ſujets & habitans de l'état pontifical de quelque rang, qualité & condition qu'ils ſoient, de vendre, fabriquer ou armer pour le compte des nations belligérantes aucun bâtiment de course ou de guerre, tant à voile qu'à rame, sans aucune exception, sa sainteté ne voulant pas que cela puisse avoir lieu en aucune manière de la part de ses sujets ni pour eux, ni pour autrui, & indirectement sous peine de deux mille écus pour chaque contravention, dont moitié appartiendra au fisc & l'autre moitié à l'accusateur public ou secret, indépendamment d'une forte peine afflictive qui sera encourue par les contrevenans à l'arbitrage du juge, suivant l'exigence de cas ; & seront lesdites peines pareillement encourues par ceux qui participeroient, ou s'intéresseroient d'une maniére directe ou indirecte dans lesdites armemens encore qu'ils fussent faits hors de l'état pontifical. Lesdites peines s'étendront encore à ceux qui, sans avoir de part, ni d'intérêt dans lesdites armemens, les auroient aidés, sécourus, ou protégés avec connoissance de leur destination.

Article II.

Il sera permis aux nations belligérantes de réparer dans les ports & échelles de l'état pontifical leurs bâtimens endommagés, d'y faire tous les achats nécessaires à cet effet, & de faire recommander, administrer ou vendre dans l'état pontifical les prises qu'ils auroient d'ailleurs légitimement faites & amenées dans lesdits ports.

ARTICLE III.

Deffendons en outre à tous les ſujets & habitans de l'état pontifical, de quelque rang qu'ils ſoient, de s'enrôler & ſervir en aucune manière ſur les bâtimens des nations belligérantes, ſous peine de priſon & autres plus fortes peines à notre arbitrage, lors de leur retour; & ſous peine de ſaiſie & confiſcation de leur bien, & de banniſſement perpétuel, en cas qu'ils refuſent de retourner.

ARTICLE IV.

Nous deffendons ſous les mêmes peines à tous ſujets, comme ci-deſſus, & à tous autres qui auroient obtenu la permiſſion d'arborér le pavillon pontifical, d'embarquer comme paſſager ou à quelque titre, & ſous quelque prétexte que ce ſoit des matelots, ou ſoldats pour le ſervice des puiſſances belligérantes. Nous prohibons pareillement l'embarcation, & le tranſport pour le compte des mêmes puiſſances, d'armes, poudre, & généralement de toute eſpèce de munitions déſignées ſous le nom de contrebande de guerre.

ARTICLE V.

Au reſte il ſera permis d'expédier, de charger, & tranſporter pour le compte des nations Belligérantes, des proviſions de bouche, ou autres ſortes de marchandiſes, même celles provenant des prifes qu'elles auroient légitimement faites, & amenées dans les ports de l'état pontifical.

Article VI.

Il fera également parmis à tout bâtiment de nation Belligérante non feulement de fe pourvoir de munitions de bouche, & autres marchandifes dans les ports & échelles de l'état pontifical, mais encore de renforcer fon équipage, pourvu qu'il n'enrôle aucun de nos fujets & habitans, mais feulement des étrangers qui fe trouvent de paffage, & volontairement difpofés à fervir, enforte que les matelots ne puiffent être pris à force ouverte par d'autres bâtimens, même par leurs compatriotes. Néanmoins les bâtimens marchands des nations en guerre, en renforçant leurs équipages comme il vient d'être expliqué, ne pourront fe procurer des forces fupérieures à celles qu'ils avoient lorfqu'ils entreprirent le voyage vers les ports & échelles de l'état pontifical; & en outre fi jamais les dits bâtimens marchands vouloient acheter des munitions d'artillerie à bord d'autres bâtimens étrangers rencontrés dans les mêmes ports & échelles, ils ne pourront en partir qu'après avoir donné bonne & fuffifante caution de n'inquieter perfonne dans le voyage qu'ils entreprendront.

ARTICLE VII.

Voulons que la connaiſſance de toute les contraventions qui pourront être commiſes aux diſpoſitions du préſent édit, quelque ſoit la qualité des contrevenans appartienne, ainſi que le jugement des peines encourues dans la mer méditerrannée, à Monſeigneur le gouverneur de Civita Vecchia, & dans la mer Adriatique, à Monſeigneur le gouverneur d'Ancône, leſquels prononceront excluſivement & ſans appel, après en avoir référé à ſa Sainteté par la voie de la ſecrétairerie d'état.

ARTICLE VIII.

Voulons en outre que les deux magiſtrats ci-deſſus déſignés prononcent primativement à tous autres & dans les mêmes termes que deſſus, généralement ſur toutes les conteſtations qui pourroient s'élever relativement à la légitimité des priſes, & généralement ſur toutes les diſcuſſions qui naitroient en pareil cas avec les puiſſances neutres, & dont les tribunaux de l'état pontifical ont coutume de connoître en vertu de l'uſage, ou à tout autre titre.

ARTICLE IX.

Et enfin que le tout ſoit de notoriété publique, & que perſonne ne puiſſe en prétendre cauſe d'ignorance, voulons & ordonnons que le préſent édit, après qu'il aura été ſigné de nous, ſoit affiché dans les lieux ordinaires & accoutumés de la ville de Rome, & dans tous les ports & lieux maritimes de l'état pontifical, ce qui ſuffira pour que chacun ſoit tenu de s'y conformer : en conſéquence nous chargeons les gouverneurs, juges, magiſtrats & tous les officiers des fortereſſes & ports de l'état pontifical de tenir la main à l'exécution du préſent édit, ſous peine d'encourir l'indignation de ſa ſainteté & d'autre punition arbitraire.

Donné au palais apoſtolique du vatican, le 4 Mars 1779.

LAZZARE OPICE, Cardinal Pallavicini.

„ Le jour, mois & an que deſſus, le préſent édit a été publié & affiché à la place du champ de Flore & autres lieux ordinaires & accoutumés de la ville, par moi, Joſeph Pellicia, courier apoſtolique.

JACOBUS BULTI, Mag. Curſ.

Les

Les Doges, Gouverneurs & procureurs de la République de Gênes.

En conféquence de la plus exacte neutralité que nous voulons obferver dans les circonftances actuelles de la guerre, entre les puiffances de l'Europe, & pour que dans aucun cas le commerce de notre état ne foit interrompu, nous ordonnons ce qui fuit :

ARTICLE I.

Il ne pourra s'exercer aucun acte d'hoftilité entre les nations belligérantes dans les ports, golfes, ou échelles de notre état, à la diftance de la portée du canon; ainfi à ladite diftance il fera défendu de prendre, pourfuivre, femoncer, vifiter & généralement faire tout autre acte de violence, ou de fupériorité, attendu que tous les bâtimens, fans diftinction, doivent y jouir d'une parfaite fécurité; & dans le cas où quelque barque, navire, ou bâtiment fe permettroit, à la portée du canon, quelque violence & hoftilité, les poftes qui ont de l'artillerie les éloigneront en tirant d'abord à boulet perdu, ou à quelque diftance des bâtimens qui auroient commencé les hoftilités, & faute par lesdits bâtimens de se désister; ils serout poursuivis à force ouverte pour la réparation de leurs torts : néanmoins dans le cas où le premier coup de canon ou signal à boulet perdu ne pourront avoir lieu, sans risquer d'endommager d'autres bâtimens, on fera le signal avec une décharge de canon sans boulet, & on observera la même précaution, lorsqu'au lieu du canon on employera le fusil, en se conformant en tout & par-tout à ce qui a été ordonné par nos précédens décrets du 30 Avril 1766.

ARTICLE II.

Comme il n'est pas permis aux bâtimens des nations en guerre de sortir des ports neutres avant la révolution de 24 heures lorsqu'il en est parti des bâtimens ayant pavillon ennemi, on veillera exactement au maintien de cette regle ; & quand il partira des ports quelque bâtiment marchand sous pavillon de nation en guerre, les vaisseaux de guerre, ou les corsaires de l'autre puissance ne pourront sortir que vingt quatre heures après le départ des premiers. Si le vaisseau de guerre ou le corsaire ose sortir plus-tôt, il sera d'abord averti par une décharge de canon sans boulet, & s'il persiste il sera obligé à force ouverte de s'arrêter dans le port jusqu'à la révolution de 24 heures. Quant à la faculté de partir plus-tôt ou plus tard, elle est suivant la regle générale au choix du bâtiment qui a jetté l'ancre le premier.

Article III.

Il ne ſera pas permis aux bâtimens des nations Belligérantes de ſe tenir en croiſières, à la vue des cotes pour inquiéter le commerce public, & pour empêcher l'entrée, ou la ſortie des ports. Ils ne pourront pas non plus s'enbauſſer ni ſe mettre en embuſcade pour courir ſur les bâtimens qui entrent, ou pourſuivre ceux qui partent.

Article IV.

Aucun bâtiment quelconque appartenant à une nation en guerre, ne pourra partir lorſqu'il y aura des ſignaux au fanal, ou qu'on aura en vue d'autres bâtimens qu'il n'eſt pas d'uſage de ſignaler. Et ſi les bâtimens d'une nation en guerre, ont déjà mis à la voile, & qu'avant leur éloignement de la portée du canon, il paroiſſe des ſignaux au fanal, ou des bâtimens à vue, ils ſeront rappellés d'abord par une décharge ſans boulet, enſuite avec le boulet, & ils ſeront tenus de venir ſe remettre ſur leurs ancres. Les dits bâtimens de guerre venant du large & entrés à la portée du canon, ne pourront point, s'ils appercoivent d'autres bâtimens, ou des ſignaux au fanal, virer de bord contre les dits bâtimens, & ſans les inquiéter en aucune manière, ils feront tenus de venir jetter l'ancre.

ARTICLE V.

Les réglemens pour les départs, établis par les art. 2. & 4. n'auront pas lieu à l'égard des petits bâtimens qui naviguent avec un petit équipage, comme luts, felouques, barquettes & autres femblables pourvu que ceux des nations en guerre ne foient point armés, mais marchands, & employés au commerce & qu'ils ne fe détachent point pour aller en courfe, & pourfuivre d'autres bâtimens.

ARTICLE VI.

Comme il y a un grand concours de bâtimeus qui entrent & qui fortent, il y auroit un grand défavantage pour le commerce à empêcher pendant longtems le départ des bâtimens des nations en guerre : en conféquence il leur fera permis de partir, même dans les tems ci-deffus prohibés, pourvu que les capitaines des vaiffeaux en guerre, toutes les fois qu'ils voudront partir, ou les commandans des flottes, ou efcadres, une fois pour toutes, donnent leur parole d'honneur de ne pas inquiêter les bâtimens comme deffus, ni ceux qui feroient en vue, ou partis dans les ving-quatre heures de quelque nation, & fous quelque pavillon qu'ils foient. Quant aux capitaines & patrons des bâtimens marchands, ou corfaires, ils donneront bonne & ſuffiſante caution d'obſerver les conditions ſuſdites, à la ſatisfaction du magiſtrat, des conſervateurs de mer, ou de ſon délégué dans le port de Gênes, ou dans ceux de la république, & ſera ladite caution, évaluée par les repréſentans reſpectifs dudit magiſtrat.

ARTICLE VII.

Défendons abſolument, tant à nos ſujets, qu'à toute autre perſonne domiciliée, ou habitant même de paſſage dans la préſente ville, ou ſur le territoire, d'armer en courſe ou en guerre en aucun des ports, baies ou côte de notre état, des navires, vaiſſeaux, ou autres bâtimens quelconques, à rame, ou à voile, Grecque, ou Latine, ſans aucune exception. Notre intention étant que nul ne puiſſe faire de pareils armemens, ni pour ſon compte, ni pour autrui directement, ni indirectement : nous défendons également à nos ſujets, ou habitans, comme deſſus, de prendre aucun eſpèce de part, ou d'intéret dans les armemens en guerre ou en courſe, quant même ils ſeroient faits hors de l'état, ſous peine de trois mille écus d'argent pour chaque contravention, applicable moitié au fiſc, moitié à l'accuſateur public, ou ſecret, ſans que ladite amende puiſſe être remiſe, ni modérée par notre magiſtrat des conſervateurs de mer; & en outre ſous toutes les autres peines établies par nos loix, leſquelles peines ſeront réputées encourues par tous ceux qui auront aidé, favorisé ou protégé lesdits armemens, avec connoissance de leur destination, encore qu'ils n'y eussent aucune part, ni intérêt.

ARTICLE VIII.

Sous cette défense nous n'entendons pas comprendre la recommandation & l'administration des corsaires & des prises; voulant maintenir, à cet égard, toute liberté comme par le passé.

ARTICLE IX.

Nous exceptons de la prohibition portée par l'article 7, les batimens qui seroient construits ou achetés dans nos ports, pour naviguer en marchandises, sous pavillon de nation en guerre, pourvu qu'en pareil cas le bâtiment soit chargé de marchandises, & qu'il préte bonne & suffisante caution au jugement de notre magistrat ci-dessus désigné, de ne prendre, ni inquiéter personne pendant le voyage qu'il entreprend, & jusqu'à son entrée dans le port, auquel les marchandises sont destinées.

ARTICLE X.

Voulons aussi qu'il soit permis d'équiper dans nos ports, & d'expédier en marchandises comme dessus, même sous pavillon de nation en guerre, les prises qui auroient pu être amenées.

ARTICLE XI.

Il sera permis à tout bâtiment de nation en guerre de renforcer son équipage dans les ports de l'état de Gênes, pourvu que les matelots ne soient point pris parmi les sujets ou habitans, ni à force ouverte, même par d'autres bâtimens de la même nation; mais que le renfort soit composé de personnes qui aillent servir volontairement.

ARTICLE XII.

Tous vaisseaux & bâtimens marchands ne pourront renforcer leur artillerie, qu'en donnant suffisante caution de n'inquiéter personne pendant leur voyage, comme nous l'avons ci-dessus ordonné.

ARTICLE XIII.

Nous déclarons nulles, illégitimes, & de nul effet les prises qui seroient faites contre la teneur du présent réglement, & par ceux qui l'auroient enfreint; voulons que la connoissance de semblables nullités appartienne à notre susdit magistrat, des conservateurs de mer, qui en décidera sans appel, après nous en avoir référé.

ARTICLE XIV.

Voulons pareillement que ledit magiſtrat connoiſſe, en la même forme & maniere que deſſus, de toutes les conteſtations à naître, relativement aux effets & marchandiſes chargées ſur des bâtimens de pavillon Génois, qui ſeroient arrêtés ailleurs, & conduits dans les ports de la république.

ARTICLE XV.

Et pour que le contenu au préſent réglement ſoie de notoriété publique, & que nul n'en puiſſe prétendre cauſe d'ignorance, nous en avons ordonné la publication dans les lieux ordinaires & accoutumés de la préſente ville, commandons à tous nos gouverneurs, juges, commiſſaires & officiers, & particuliérement à ceux des ports & lieux maritimes de notre état, de faire faire une ſemblable publication, & de veiller exactement à l'exécution.

En foi de quoi ledit réglement ſera contreſigné par notre ſecrétaire d'état.

Donné à notre palais royal, le 1er. Juillet 1779.

PAUL AGOSTINO.

Le sérénissime prince de Venise, fait savoir.

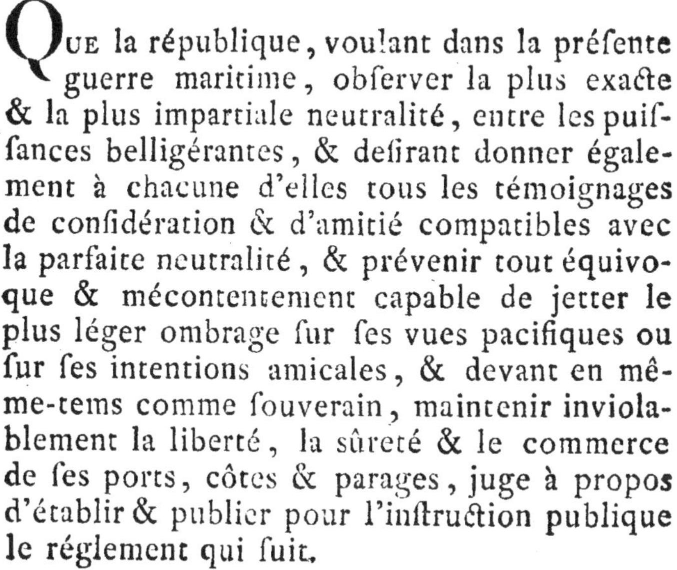

QUE la république, voulant dans la présente guerre maritime, observer la plus exacte & la plus impartiale neutralité, entre les puissances belligérantes, & desirant donner également à chacune d'elles tous les témoignages de considération & d'amitié compatibles avec la parfaite neutralité, & prévenir tout équivoque & mécontentement capable de jetter le plus léger ombrage sur ses vues pacifiques ou sur ses intentions amicales, & devant en même-tems comme souverain, maintenir inviolablement la liberté, la sûreté & le commerce de ses ports, côtes & parages, juge à propos d'établir & publier pour l'instruction publique le réglement qui suit.

ARTICLE I.

Il est défendu à tout individu, sujet ou domicilié des états de Venise, de s'enroler & servir à quelque titre & en quelque qualité que ce soit, sous les pavillons des nations belligérantes, & ce sous peine de prison arbitraire à leur retour dans l'état, ou à défaut de retour, ſous peine de banniſſement perpétuel, & de conſiſcation de leurs biens.

ARTICLE II.

Il eſt expreſſément défendu tant aux ſujets de toute qualité, qu'aux perſonnes domiciliées, ou même de paſſage dans les états de Veniſe, de vendre, fabriquer ou armer en courſe ou en guerre dans les ports & rades de l'état, aucune eſpèce de bâtiment à rame ou à voile quarrée, ou latine pour le ſervice des nations belligérantes, ſous peine de trois mille ducats pour chaque contravention, laquelle amende s'appliquera, moitié à l'accuſateur public ou ſecret & l'autre moitié au tréſor public, & en outre ſous une peine afflictive à l'arbitrage du juge comme pour un crime d'état, car nous déclarons crime d'état une pareille contravention.

ARTICLE III.

Nous déclarons coupable du même crime, & ſoumettons aux mêmes peines, tout individu, ſujet domicilié ou habitant du pays, qui avec connoiſſance de cauſe, s'entremettroit directement ou indirectement dans leſdits armemens, ou s'en rendroit le coopérateur ou l'agent, quand même il n'y auroit aucun intérêt pécuniaire.

ARTICLE IV.

Défendons également ſous les peines ſuſdites à tous les ſujets domiciliés de l'état, de s'intéreſſer dans les armemens de courſe ou de guerre pour le ſervice des puiſſances belligérantes, quand même leſdits armemens feroient faits hors de l'état de Veniſe.

ARTICLE V.

Défendons ſous les mêmes peines à tous les ſujets domiciliés ou habitans de l'état, de s'entremettre pour enrôler des ſoldats ou matelots pour le ſervice des puiſſances belligérantes, & à tout navigateur ſous notre pavillon de les tranſporter, ſous quelque prétexte & quelque dénomination que ce puiſſe être.

ARTICLE VI.

Défendons également à tout navigateur ſous notre pavillon, & à tout autre ſujet domicilié ou habitant même de paſſage, de charger des armes ou des munitions de guerre pour les puiſſances belligérantes, ou de les vendre & fournir à leurs bâtimens dans les ports & parages de l'état.

ARTICLE VII.

Pour tous les faits ci-deſſus ſpécifiés, il y aura toujours un bureau d'inquiſition en activité, où l'on recevra les accusations secretes, sans faire connoître les dénonciateurs, auxquels on donnera pour récompense la moitié de l'amende ci-dessus énoncé, immédiatement après la preuve de l'accusation, sur laquelle amende le coupable ne pourra obtenir aucune remise. Il pourra même être condamné à des peines afflictives ou capitales, selon la gravité des délits que nous avons ci-devant déclarés crimes d'état.

Article VIII.

D'après les mesures ci-dessus établies qui manifestent notre immuable résolution de contenir nos sujets dans les termes de la plus parfaite neutralité, nous sommes assurés que les puissances belligérantes nous témoigneront les mêmes égards, en ordonnant à leurs bâtimens de guerre, de commerce ou de course, d'observer les regles de justice ou de modération que le droit commun & l'usage universel prescrivent aux puissances neutres; en s'abstenant de toute voie de fait, de tout acte de violence & d'autorité l'une contre l'autre, & sous toute espèce de pavillon dans les ports, rades & parages de notre obéissance; en se conformant aux regles universellement reçues en tems de guerre pour l'entrée & la sortie des ports, en apportant aucun trouble, empêchement ni difficulté au commerce & à la navigation dans les ports & parages de l'état neutre, & en suivant les regles établies dans les ports pour la santé, la police & le bon ordre.

ARTICLE IX.

On ne pourra dans les ports & parages de notre état, au moins à la portée d'une groſſe pièce de canon, exercer aucun acte d'hoſtilité, de force ou de ſupériorité, comme priſe, pourſuite, ſémonce, viſite ou autre autorité quelconque, ſur aucune eſpèce de bâtiment quelque ſoit ſon pavillon, attendu que tous doivent également jouir d'une parfaite ſécurité dans les confins de l'état neutre.

ARTICLE X.

Il eſt défendu aux bâtimens des nations belligérantes, de ſe tenir en croiſiere ou dans les confins ſus-déſignés, ou à la vue des ports & rades, ou à l'entrée & à la ſortie des baies, détroits & canaux aboutiſſans au préjudice du commerce public, & pour empêcher ou interrompre l'entrée ou la ſortie des ports, rades & côtes de notre état; à plus forte raiſon, il eſt défendu auxdits bâtimens de nation en guerre, de ſe retirer dans les anſes abandonnées, dans les golfes, échelles, calangues & derriere les points & caps à portée des ports & rades, pour s'y tenir aux aguets, & pourſuivre & prendre les bâtimens qui vont & viennent dans nos ports.

ARTICLE XI.

L'uſage le plus généralement reçu ne permettant pas aux bâtimens des nations en guerre de ſortir du port ou de la rade neutre, plutôt que 24 heures après le départ d'un bâtiment ennemi; nous ordonnons à tous nos commandans de terre ou de mer, de tenir exactement la main à l'exécution desdites regles, en obſervant qu'entre deux bâtimens de nations belligérantes, l'option de partir avant ou après, appartient toujours à celui qui a mouillé le premier.

Nous exceptons ſeulement de cette regle les flottes, eſcadres & vaiſſeaux de guerre des nations belligérante, qui pourront partir à volonté, pourvu que leurs commandans donnent une fois pour toutes, à nos inſpecteurs généraux ou aux repréſentans publics, leur parole d'honneur de n'inquiéter aucune eſpèce de bâtiment ennemi ou neutre dans les 24 heures de leur départ, ou tout autre bâtiment ſignalé à la fortereſſe, tandis que l'eſcadre ou le vaiſſeau de guerre étoit à l'ancre, ou ſe trouvoit encore dans les confins de la neutralitè.

Article XII.

Pareillement, lorſqu'une fortereſſe ou fanal de l'état, aura ſignalé l'arrivée d'un bâtiment, aucun vaiſſeau de guerre mouillé dans le port ou dans les confins de la neutralité ne pourra lever l'ancre pour aller à ſa rencontre, & il ſera rappellé pour jetter l'ancre à moins qu'il n'ait préalablement donné ſa parole d'honneur comme il a été dit ci-deſſus.

ARTICLE XIII.

Afin de faciliter le commerce des nations belligérantes, nous déclarons qu'on dispensera de la regle des 24 heures, tous les corsaires & bâtimens particuliers desdites nations qui voudront donner à nos inspecteurs généraux ou représentans publics, bonne & suffisante caution, d'observer ponctuellement toutes les conditions prescrites à l'égard des vaisseaux de guerre ci-dessus mentionnés.

ARTICLE XIV.

Nous exceptons en outre des regles établies pour le départ des ports & rades, tous les petits bâtimens, les tartanes, barques, felouques & bateaux qui n'ont qu'un petit équipage, pourvu qu'ils soient désarmés, uniquement chargés en marchandises & visiblement hors d'état de guerre.

ARTICLE XV.

Il est défendu à tout espece de vaisseau de guerre, d'enroler de force dans nos ports, même à bord des bâtimens de la même nation. Néanmoins il sera permis de recruter les hommes nécessaires qui voudront s'engager librement, pourvu qu'ils ne soient ni sujets, ni domiciliés de l'état, mais qu'ils soient étrangers, de rencontre & de bonne volonté.

ARTICLE XVI.

Les vaiſſeaux marchands, ne pourrontdans les ports & rades de notre état augmenter les forces de leur équipage, au-delà des forces qu'ils avoient en arrivant, ni acheter de l'artillerie d'un bâtiment étranger, ſinon dans le cas où ils auroient préalablement donné à nos repréſentans publics, bonne & ſuffiſante caution de n'inquiéter perſonne pendant la durée de leur voyage, juſqu'au port auquel ils ſont deſtinés.

ARTICLE XVII.

Semblablement, les nations belligérantes ne pourront faire conſtruire ni acheter des bâtimens pour le commerce, dans les ports & rades de l'état, à moins qu'il ne s'agiſſe d'un bâtiment réellement chargé en marchandiſes dans notre port, ayant un équipage de ſa nation ou de volontaires étrangers & non domiciliés dans l'état, & toujours ſous la condition expreſſe de la caution préalable comme il a été dit.

ARTICLE XVIII.

Les priſes que tout navire ou bâtiment de nation belligérante pourroit amener dans nos ports, y ſeront reçus, en ſe conformant toutefois aux regles naturelles d'adminiſtration & de police intérieure. Les effets pourront y être déchargés, dépoſés, vendus, régis, adminiſ-

trés

trés & achetés par toute perſonne indiſtinctement dans tous les lieux de notre obéiſſance, après que les tribunaux compétens auront rendu leur jugement définitif qui déclare que leſdits effets ſont de bonne priſe.

ARTICLE XIX.

La nation qui aura faite leſdites priſes déclarées légitimes, pourra les équiper dans nos ports, ſous ſon pavillon, & les expédier en marchandiſes, pourvu toutefois que dans la formation de l'équipage, le chargement des effets & l'acte de cautionnement, on obſerve, avec fidélité, toute les conditions ci-deſſus expliquées.

ARTICLE XX.

Les bâtimens de guerre, de commerce & de courſe des nations belligérantes, recevront dans nos ports, ſans diſtinction & avec une égale amitié tous les ſecours que les circonſtances permettront de leur donner, ſauf les ſeules exceptions & conditions ci-deſſus mentionnées.

Au reſte, il eſt expreſſément défendu d'admettre & recevoir en aucun port & ſur aucune côte, en qualité de priſonnier de guerre, aucun individu que des bâtimens de nations belligérantes voudroient y dépoſer à ce titre, attendu que les particuliers de toute nation indiſtinctement, doivent être réputés libres, auſſitôt qu'ils touchent le ſol & qu'ils entrent ſur le territoire d'un prince ami de leur ſouverain.

Article XXI.

Nous déclarons, en ce qui nous concerne, nulles, illégales & de nul effet toutes les prises qui seroient faites contre la disposition de la présente ordonnance. Voulons que la connoissance de ces nullités appartienne à nos inspecteurs généraux, commandans de province qui prononceront sans appel sur ces faits de droit politique, après nous en avoir référé & avoir reçu nos instructions en conformité des informations qui avoient été faites par le magistrat de cinq sages.

Notre même inspecteur général de mer, doit également connoître aux conditions ci-dessus indiquées, de toutes les contestations qui pourroient naître sur les effets & marchandises chargés à bord des bâtimens sous notre pavillon, qui seroient arrêtés ailleurs & conduits dans nos ports.

Article XXII.

Et afin que la présente ordonnance serve de guide & d'instruction générale, & que personne n'en prétende cause d'ignorance, nous voulons qu'elle soit solemnellement publiée dans les lieux ordinaires de cette ville, & nous prescrivons à tous nos magistrats, inspecteurs généraux, commandant de province, & représentans publics de terre & de mer, de faire la même publication dans tous les lieux de notre obéissance, particuliérement dans les lieux maritimes, & de tenir exactement la main à ce qu'elle soit inviolablement observée en son entier.

Donné en notre palais ducal, le 9 Septembre 1779.

HORACE LAVEZARI, Notaire Ducal.

N°. XII.

RÉGLEMENT

POUR LES

ARMATEURS PARTICULIERS.

Traduction sur l'original qui a été écrit de la propre main de Sa Majesté Impériale. Cela soit ainsi.

St. Pétersbourg le 31 Déc. 1787.

LES justes raisons, qui ont mis l'Impératrice dans la nécessité de reprendre les armes contre la Porte Ottomanne, ont été suffisamment expliquées dans le manifeste publié le 7 Septembre 1787, mais pour procurer à ses fidèles sujets une occasion de prouver leur zèle & dévouement pour son service, S. M. Imp. a très-gracieusement ordonné de munir de patentes de commission, ceux qui souhaitent d'armer à leurs propres frais des navires pour aller en course contre les vaisseaux de guerre, & marchands ennemis, en leur permettant, outre la banniere marchande, d'arborer le pavillon de guerre, & de convertir, sous ce moyen, à leur profit, les vaisseaux & marchandises qu'ils auront enlevés à l'ennemi. Cependant, comme l'intention de sa majesté impériale est d'observer religieusement, pour l'avantage des nations qui resteront neutres dans la guerre actuelle avec la Porte Ottomanne le systême bienfaisant de la neutralité armée qu'elle même a établi; il a été prescrit aux armateurs Russes, pour le parfait maintien de celui-ci, & pour les empêcher de ne rien entreprendre de contraire à ses principes, d'observer les règles qui sont détaillées dans les articles suivans.

Article I.

Tout patron qui aura armé un vaisseau, ne pourra obtenir une patente de commission qui lui permette d'arborer le pavillon de guerre, qu'en produisant d'avance une hypotheque pour la somme de 20,000 roubles, ou une caution sure, par laquelle somme il répondra que le chef du bâtiment, ainsi que l'équipage qu'il y employera, observeront strictement toutes les regles qui y sont statuées ci-après; car au cas contraire, il sera soumis non-seulement, à la perte de la somme engagée, mais si elle ne suffit point, à donner ſatisfaction des délits commis, & à en répondre en ſa perſonne.

Article II.

Les armateurs Ruſſes pourront pourſuivre les vaiſſeaux de guerre & marchands ennemis, les attaquer, prendre, ou détruire par tout où l'occaſion s'en préſentera. excepté le cas où le vaiſſeau ennemi, en cherchant un abri, ſe mettra à tems ſous la portée du canon d'un port ou des côtes d'une puiſſance neutre. Ils ne doivent non plus ſe permettre aucune hoſtilité dans les ports & rades appartenans aux puiſſances neutres, avant que les vaiſſeaux ennemis ne s'éloignent au-delà de la portée du canon.

Article III.

Comme il eſt aſſez fréquent en tems de guerre que les vaiſſeaux & navires ennemis ſe cachent ſous des pavillons d'une puiſſance neutre; pareillement, que des ſujets neutres, encouragés par l'intérêt, amenent à l'ennemi des munitions défendues par les loix maritimes; la prudence exige d'arrêter tout vaiſſeau marchand, naviguant vers les côtes de l'ennemi, pour le viſiter. Les armateurs Ruſſes pourront donc arrêter & viſiter les vaiſſeaux quelconques, naviguans dans les mers du Levant & dans l'Archipel, ſous quel pavillon que ce fût.

ARTICLE IV.

Pour faire la visite de quelque navire sous pavillon chrétien, on enverra dans une chaloupe un pilote, homme intelligent, qui, arrivé à bord dudit navire, aura seul le droit d'y monter, & nul autre sous aucun prétexte. Il demandera ensuite du capitaine, d'une manière honnête & polie, les passeports, contrats, chartes-parties, ainsi que les attestats sur la santé de l'équipage. Et quand il aura suffisamment apparu par ces papiers, que le navire aussi bien que l'équipage appartiennent effectivement à une puissance neutre, & qu'il n'y a aucune contrebande de guerre, on sera obligé de lui laisser continuer sa route sans délai; quoi qu'en effet toute sa cargaison appartienne à l'ennemi; puisque d'après les principes reçus par sa majesté impériale, la propriété de l'ennemi même se couvre par le pavillon neutre. A de pareilles visites on n'osera au reste commettre la moindre impolitesse, faire des menaces ou violences, ni rien prendre sous aucun prétexte, ou toucher au plus petit objet.

ARTICLE V.

Il est compris sous la contrebande de guerre défendue d'amener à l'ennemi les articles suivans : les armes à feu, canons, arquebuses, fusils, mortiers, pétards, bombes, grenades, saucisses, cercles poissés, affuts, fourchettes, bandoulières, poudre à canon, mêches, salpêtre, balles, piques, épées, morions, casques, cuirasses, hallebardes, javelines, fourreaux de pistolets, baudriers, scelles & brides, & tous autres semblables genres d'armes & d'instrumens de guerre, servant à l'usage des troupes. Tous ces effets spécifiés, excepté la quantité nécessaire pour le navire, son équipage & passagers, sont sujets conformément à toutes les loix de la guerre, ainsi qu'aux conventions mêmes sur la neutralité faites par les puissances maritimes, à être saisis & confisqués.

Article VI.

Puisque sur les vaisseaux neutres qui font profession de porter de la contrebande de guerre à l'ennemi, il y a toujours doubles documens, il faut tacher de s'enquérir auprès du capitaine ou des gens de l'équipage, si le navire n'est pas chargé de pareilles munitions. S'il arrive que le pilote ou quelqu'un de l'équipage en donne avis, ou bien que l'armateur lui-même a des renseignemens suffisans, qu'il y a en effet de pareille contrebande sur le navire, alors il est permis à l'armateur, d'ouvrir les écoutilles, & de faire la visite, tant dans le corridor, que dans le fond; mais il y procédéra avec autant d'honnêteté que de précaution pour ne point endommager le reste des marchandises. Aussi-tôt qu'on aura découvert de la contrebande sur le navire, ou bien que des doubles papiers & documens en fourniſſent la preuve, il pourra prendre ledit navire & l'emmener à la flotte impériale, ſi elle ſe trouve déja dans la Méditerranée, ſi non, à Naples, au miniſtre plénipotentiaire de ſa majeſté impériale, le chambellan & chevalier comte de Skavronsky, & à Veniſe à M. le général major de Mordvinoff, qui y réſide dans la même qualité, ſi le gouvernement de la république n'y met point d'obſtacle, & il ſera confié à ceux-ci le ſoin d'éclairer & de juger les affaires des priſes juſqu'à l'arrivée de la flotte.

ARTICLE VII.

Les priſonniers Turcs de tout vaiſſeau pris ſur l'ennemi ſeront traités avec beaucoup d'humanité & pourvus de vivres & de tous les autres beſoins, ſans les laiſſer manquer de rien; on ne devra non plus leur enlever leurs habits, ni uſer envers eux d'aucune rigueur ſuperflue, outre celle que l'inſpection & la ſûreté du vaiſſeau où ils auront été pris, rendront néceſſaire. S'il y a parmi eux des bleſſés, on doit tacher de les guérir & de leur prêter toute ſorte de ſecours, comme le devoir de l'humanité l'exige; enfin il n'eſt en aucune façon permis de les livrer ou vendre comme eſclaves à un autre pays quelconque.

ARTICLE VIII.

On ne pourra décharger, ni vendre aucune

partie de la cargaison du vaisseau pris, mais on l'emmenera en droiture à Livourne où à Venise pour y exposer les marchandises à l'air, aux lieux où se tient la quarantaine. Les armateurs y seront obligés de paroître devant le ministre Russe, & après lui avoir présenté les papiers & documens trouvés sur les vaisseaux pris, d'attendre que le vaisseau ainsi que les marchandises soient jugés de bonne prise ou de capture légitime.

Article IX.

Aussi-tôt que le navire & les marchandises seront reconnus par le ministre Russe de légitime capture les uns & les autres pourront, du consentement de l'armateur être vendus à l'enchere publique. On retiendra le dixieme du prix qui en sera retiré pour le trésor, le reste consistant en neuf dixieme sera délivré au patron & à l'équipage pour en faire la repartition entre eux.

Article X.

Si quelques-uns des Grecs, faisant le commerce du Levant & de l'Archipel sur leurs propres navires, & ayant à bord des marchandises turques, pour se soustraire à la tyrannie & à l'oppression des Turcs, se rendent de bonne volonté avec leur cargaison dans une place chrétienne, où il y a un consul Russe, & se présentent chez lui, il est déclaré, par la préſente, à ceux-ci, que ladite cargaiſon leur ſera abandonnée pour en faire la diſtribution entre eux, comme il eſt dit plus haut dans le 9me. article, c'eſt-à-dire, qu'en retenant un dixieme pour le tréſor, les autres neuf dixieme leur ſeront rendus.

ARTICLE XI.

S'il ſe trouve des Turcs ſur de pareils navires Grecs, on doit procéder à leur égard comme il eſt preſcrit par l'article 7.

ARTICLE XII.

Dès qu'on aura trouvé de la contrebande ſur un vaiſſeau neutre, & que le capitaine de celui-ci l'aura déclaré de ſon propre mouvement, on pourra l'emporter du navire, mais ſi la quantité en eſt ſi grande, qu'il ſera impoſſible de le faire ſur mer, on emmenera le vaiſſeau dans le port neutre le plus proche, où il y a un conſul Ruſſe, & toute la contrebande y ſera déchargée de la connoiſſance du conſul, qui doit la garder juſqu'à l'arrivée de la flotte de S. M. Imp., & en faire un rapport détaillé à ſon commandant en chef. Alors ſi la flotte en a beſoin, on l'arrêtera à un prix convenable pour le compte du tréſor, & celle dont on n'aura pas beſoin ſera vendue au profit des capteurs comme il eſt preſcrit dans l'art. 9. Le capitaine du vaiſſeau neutre, qui aura de bonne volonté déclaré ladite contrebande, recevra deux fois le frêt dont il eſt convenu avec l'ennemi, & le vaiſſeau avec le reſte de ſa cargaiſon pourra enſuite continuer librement ſa route.

ARTICLE XIII.

Lorſque des vaiſſeaux neutres ſeront eſcortés par un vaiſſeau de guerre de leur nation, on ne pourra aucunement toucher aux premiers, mais on devra s'adreſſer directement au commandant du convoi, & ſi celui-ci déclare que leſdits navires, ſous ſon eſcorte, n'ont à bord aucune marchandiſe de contrebande de guerre, on ſe contentera de ſa déclaration, ſans exiger que la viſite ait lieu.

ARTICLE XIV.

Si un armateur rencontre un navire Grec appartenant à des ſujets Turcs & chargé de marchandiſes turques, il pourra s'en ſaiſir comme d'une bonne priſe. Mais au cas qu'un tel navire Grec ne cherche point à échapper aux armateurs Ruſſes, & qu'au contraire il viendra ſe mettre ſous leur protection, on ne pourra point s'en emparer; mais en lui prêtant toute ſorte de ſecours, on le conduira dans une place neutre, ou il voudra lui-même ſe rendre pour en informer le conſul ruſſe, qui ſe conduira, à ſon égard, ſelon la teneur de l'art. 10.

ARTICLE XV.

S'il réuſſit à un armateur particulier de s'emparer d'un vaiſſeau de guerre ennemi, non-ſeulement le vaiſſeau avec toutes ſes munitions de guerre & autres proviſions lui ſera abandonné comme butin, mais il recevra encore du tréſor, à titre de récompenſe, cinq roubles pour chaque priſonnier turc qui s'y trouvera, & il pourra compter en outre ſur des bienfaits particuliers de la ſouveraine, proportionnés à l'importance de ſon action & à la bravoure de ſa conduite.

ARTICLE XVI.

Quand on aura emmené une priſe, le miniſtre ruſſe, après en voir été averti, devra examiner tous les documens trouvés ſur le navire, puis interroger le patron & quelques matelots priſonniers, en couchant leurs réponſes par écrit, & lorſqu'il aura trouvé celles-ci conformes aux documens, & qu'il n'exiſtera plus de doute, que le navire ainſi que les marchandiſes ne ſoient effectivement de propriété ennemie, il devra prononcer une ſentence formelle, & en remettre une copie au patron armateur & une ſeconde au capitaine du navire pris. En conformité de cette ſentence, ledit patron pourra procéder à la vente de la priſe & des marchandiſes à ſon profit.

ARTICLE XVII.

Les armateurs russes ne pourront nullement visiter ni arrêter, sur leur route, les vaisseaux marchands sous pavillon neutre, allant du Levant & de l'Archipel vers l'Ouest de l'Europe, dès qu'ils se trouveront déja du côté de l'Ouest de la Morée.

AREICLE XVIII.

Quoiqu'un navire marchand arrêté par un armateur russe, soit véritablement de construction turque, aussitôt qu'il porte le pavillon neutre & que le capitaine, ainsi que l'équipage qui s'y trouve, de même que les papiers & documens prouvent évidemment la propriété neutre, on devra le reconnoître comme tout-à-fait neutre & ne point l'inquiéter plus long-tems.

ARTICLE XIX

Tous les armateurs russes auront à prendre les précautions les plus rigides de la peste & à procéder à cet égard, selon la stricte teneur du réglement sur la quarantaine publiée le 6 Mai 1786. Conformément à celui-ci, ils devront sur-tout veiller sur ce qu'en prenant des navires venus des côtes d'Egypte, d'Afrique & de Syrie, on n'ouvre les écoutilles, & qu'on ne touche à rien dans le Rum, mais ils les emmeneront en droiture à Livourne où à Venise, où la cargaison sera sortie du navire & mise au Lazaret, selon la prudence & les loix de la quarantaine.

ARTICLE XX.

Aussi-tôt qu'on découvrira que la peste se trouve effectivement sur un navire pris, & surtout quand cette maladie se manifestera sur le vaisseau de l'armateur même, le commandant de celui-ci sera obligé d'en faire la déclaration par-tout où il abordera, & de s'abstenir de toute espèce de communication (excepté avec les vaisseaux ennemis) soit sur mer, soit sur les côtes des puissances chrétiennes, sous la crainte d'être puni de mort.

ARTICLE XXI.

Le commandant d'un armateur russe ne doit mettre sur un navire pestiféré, dont il s'est rendu maître, que le nombre de gens indispensablement nécessaire pour le conduire jusqu'à l'endroit desiré, & tout le reste de son équipage doit éviter toute espèce de communication avec lui, & ne tirer quoique ce soit dudit navire,

ARTICLE XXII.

A l'arrivée de la flotte Impériale dans la Méditerranée tous les armateurs auront à se présenter devant son commandant en chef, & se tenir conſtamment dans une entière ſoumiſſion & obéiſſance à ſes ordres : & au cas qu'il jugera néceſſaire d'employer l'un ou l'autre d'entre eux pour le bien du ſervice de S. M. Imp., celui-ci ſera obligé d'exécuter ſes ordres & pour tout le tems qu'on l'aura employé, il recevra, du tréſor, un traitement ſuffiſant juſqu'au moment qu'il ſera renvoyé pour continuer ſes courſes contre l'ennemi. Outre cela, ils devront, autant qu'il ſe pourra faire & dans toutes les occaſions qui ſe préſenteront, entretenir une correſpondance des lettres avec ledit commandant en chef, pour l'inſtruire, de tems en tems, non-ſeulement de leurs priſes ou exploits qui regardent leur état, mais encore de tout ce qui ſera parvenu à leur connoiſſance, leur aura été communiqué ou annoncé, ou ce qu'ils auront appris eux-mêmes par l'équipage & les paſſagers des vaiſſeaux qu'ils auront pris, touchant les deſſeins de l'ennemi, ſes côtes & ſes places maritimes, le nombre de ſes vaiſſeaux de guerre & marchands, les endroits où ceux-ci font voile où croiſent, enfin touchant tout ce qui pourra influer ſur les meſures & diſpoſitions du commandant en chef de la flotte.

ARTICLE XXIII.

Dès l'arrivée de la flotte Impériale ruſſe dans la Méditerranée, le commandant en chef aura à établir une commiſſion pour juger les affaires des priſes. C'eſt pourquoi il eſt preſcrit à tous

tous les armateurs de lui faire alors ſans faute le rapport des navires & marchandiſes, dont ils ſe ſeront emparés.

ARTICLE XXIV.

Si avant l'arrivée de la flotte dans la Méditerranée, quelqu'un de l'un ou de l'autre côté ne fut pas content de la déciſion du miniſtre ſur une priſe, ou enſuite de la déciſion même du commandant en chef de la flotte, il pourra en appeller à la cour Impériale de Ruſſie.

ARTICLE XXV.

Auſſi long-tems que l'armateur & celui qui aura été pris, ne ſeront également contens de ladite déciſion l'on conſervera le vaiſſeau avec ſa cargaiſon dans l'état où il aura été trouvé; mais s'il y a des marchandiſes ſujettes à la corruption on pourra les vendre à l'enchere publique, & l'argent qui en ſera revenu ſera dépoſé au tréſor juſqu'à la déciſion de l'affaire, où le coupable ſera condamné à réparer la perte qu'il en aura cauſée.

ARTICLE XXVI.

Lorſqu'un vaiſſeau de guerre ou marchand ruſſe ſe trouvera en danger d'un événement ſur mer & ou d'une attaque de la part de l'ennemi; alors l'armateur ſera obligé de lui porter toute ſorte de ſecours & de ſoulagement, &

principalement de tâcher de le dégager de l'ennemi.

Article XXVII.

Il n'eſt permis à aucun armateur de délivrer ou rançonner de ſon propre gré un vaiſſeau ou navire ennemi, ou des marchandiſes ou effets qui y ſont chargés, & dont il s'eſt déja rendu maître.

Fin de la ſeconde & dernière partie.

APPENDIX
DES
ACTES
ET
TRAITÉS PUBLICS,

Sur le commerce des neutres.

SECONDE PARTIE.

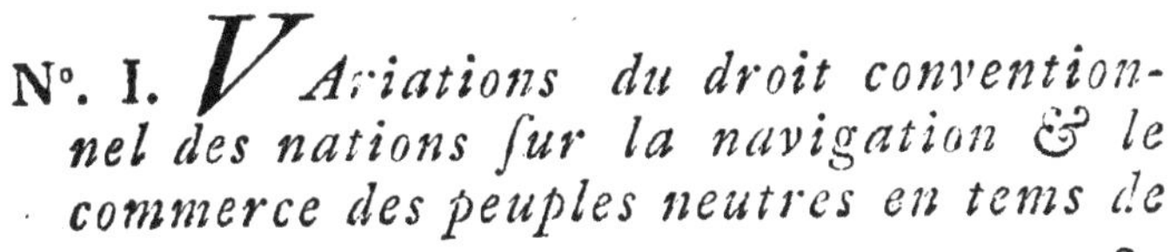

particuliers. Traduction sur l'original qui a été écrit de la propre main de Sa Majesté impériale. Cela soit ainsi. St. Pétersbourg, le 31 *Décembre* 1787. 196

Fin.

www.ingramcontent.com/pod-product-compliance
Ingram Content Group UK Ltd.
Pitfield, Milton Keynes, MK11 3LW, UK
UKHW021057270726
13994UKWH00009B/175

9 782329 478067